博学之，审问之，慎思之，明辨之，笃行之。

——《礼记·中庸》

公司的承诺

——解构信任危机，重塑社会信任

· · ·

科林·迈耶（Colin Mayer）◎著

张　颖　伊志宏◎译

中国人民大学出版社

·北京·

孩子索取

父母给予

而爱人相伴前行

本书献给我的妻子安妮特

译者序

······································

2015年年末宝能收购万科股份被曝光之后，万科股权收购和控制权之争引起了广泛的讨论，公司治理问题在中国受到前所未有的社会关注：短期财务投资者对公司发展的影响、创始人和管理层在公司的角色、股权结构及其对企业发展的影响、资本市场和监管者在公司控制权争夺中扮演的角色、企业控制权争夺中中小投资者利益的保护、企业价值观的传承和延续，等等。随着中国资本市场和公司制度的发展，围绕公司治理的争论甚至质疑还会继续，对公司在中国经济社会发展中应当担负何种角色的讨论也将继续。《公司的承诺——解构信任危机，重塑社会信任》一书的翻译出版，相信对大家深入思考这些问题会有很大的启发。

自2008年全球金融危机以来，西方社会对公司的贪婪、市场的失败提出了广泛的批评和质疑，也产生了大批对公司制度、金融市场和监管体系进行反思的学术成果。《公司的承诺——解构信任危机，重塑社会信任》是其中比较系统、全面、深入地进行反思的著作。

作者科林·迈耶教授的学术生涯涉猎甚广，在税收对财务的影响，金融体系与产业融资的国际比较，公司所有权与控制权的国际比较，公司与金融的历史、法律与发展等多个领域进行了卓有成效的研究。得益于这些研究经历，作者对公司的本质、公司的演变以及如何重建社会对公司的信任等问题的思考既有历史的深度，又有全球的广度，还有多学科的厚度，令人耳目一新。例如，作者认为公司的本质是一种向他人提供承诺的机构，它的首要目标是制造、开发和交付产品并为居民、社区和国家服务。为了实现公司的目标，它需要将对各方的承诺和各方施加的控制加以平衡。长久以来，人们更多关注的是公司的收益、所有权、控制权——股东、管理层、投资者对公司施加的控制，却忽视了公司的义务、责任和承诺。作者认为，对公司承诺功能的忽视不仅是造成公司自身问题的根源，比如过分注重股东价值，损害利益相关者的利益，更是当今社会很多危机和挑战产生的源泉，比如贫困、社会不公、生态破坏等。作者甚至认为，忽视公司的承诺功能，也是迄今为止试图通过法规监管与政府干预来解决诸多矛盾和冲突但却未能奏效的重要原因。

在描述公司失败的种种现象并对公司的本质深入剖析的基础上，作者创见性地提出通过"信托企业"的方式重建公司承诺，将公司效率的积极属性与秉持公司价值观的规范属性相匹配。在作者看来，信托企业之所以能做到这一点，源于它能够将公司的价值观、股东的委托期限以及由董事会所施加的对公司经营活动的限制有效地结合起来。通过信托企业的方式，公司也提供了一种将他人的福祉和利益内化于公司自身利益的途径。在实现社会目标的同时，也避免了目前的公私关系所存在的弊端。在我看来，也许作者的想法过于乐观了。但无论如何，各种富有创见的探索都是有价值的。特别是，各国基于自己的经济、文化、政治和法律背景在遵循共同规律的基础上进行的公司制度探索，对于解决当今公司自身问题和人类社会问题都是有意义的。我与作者本不相识。迈耶教授卸任牛津大学赛义德商学院院长职务后，曾在中国人民大学商学院一位同事的引荐下到中国人民大学做过讲座，这是我翻译此书的缘起。翻译在很多人看来是一件既费时费力学术含量又不高的工作，但是，翻译的过程也能体会到与智者对话、与仁者同行的快乐，况且传播知识本身也是教师的职责所在。

在本书的翻译过程中，我的同事张颖做了主要的工作，她对英文的理解十分准确，中文的翻译非常流畅；山西财经大学的李颖博士在攻读博士学位期间也帮助做了很多工作；中国人民大学出版社的编辑非常专业，对文字和专业问题的把握十分到位。在此向他们表示衷心的感谢！

序言

··

　　本书吸收和借鉴了过去 30 年间我与多位学者共同取得的研究成果。20 世纪 80 年代早期，在我的学术生涯刚开始时，税收是对公司财务影响最大的因素。我曾在约翰·凯（John Kay）领导下的英国财政研究所做过 6 年有趣的研究，与剑桥大学经济与政治学院的杰里米·爱德华兹（Jeremy Edwards），以及现就职于国际货币基金组织的迈克尔·基恩（Michael Keen）一同做了大量工作。研究结果让我们确信，尽管税收因素很重要，但仍无法充分地解释公司财务的诸多方面，还有许多其他制度因素在起作用。

　　与此同时，位于伦敦的英国经济政策研究中心在理查德·波特斯（Richard Porters）的领导下正式运转，并启动了一项对产业融资进行国际研究的计划。该计划的负责人包括伦敦政治经济学院的玛格丽特·布雷（Margaret Bray）和伊利莎贝塔·伯特洛（Elisabetta Bertero）、牛津大学圣安东尼学院以及澳大利亚国立大学克劳福德经济和政府学院的珍妮·考伯特（Jenny Corbett）、剑桥大学经济与政治学院的杰里米·爱德华兹，以及牛津大学赛义德商学院的蒂姆·詹金森（Tim Jenkinson）。伊恩·亚历山大（Ian Alexander）和克劳斯·菲舍尔（Klaus Fischer）担任了该项目的研究助理。

　　该项目收集了不同国家有关金融体系和产业融资（尤其是电子产业）的大量信息，形成了对不同国家的金融体系和公司财务进行比较研究的基础。在此期间，本书的基石——公司的承诺这一概念第一次被提出[1]，承诺的重要性不再局限于公司财务，而是扩展到公司的控制及治理层面。

90年代早期，我与伦敦商学院的朱利安·弗兰克斯（Julian Franks）开始了第三个维度的研究，即侧重于公司所有权和控制权的国际比较研究。研究结果表明，不同国家之间的公司所有权和控制权差异要比金融体系和公司财务之间的差异更加突出和持久，显然其中有一些重要的变量需要解释。我之后花6年时间对此展开研究，并部分地得到了英国经济和社会研究委员会一项研究课题的资助，以及包括路易斯·科雷亚·达·席尔瓦（Luis Correia da Silva）、马克·格尔根（Marc Goergen）和米利亚姆·索里亚（Myriam Soria）在内的许多学者的帮助。

另外，我还承担了一些其他合作项目，指导了许多与研究课题相关的博士生，包括与当时牛津大学的博士生马克·冯·奥斯纳布拉格（Mark von Osnabrugge）一起做过对商业天使投资和风险投资的研究；与现就职于蒂尔堡大学的吕克·伦内布格（Luc Renneboog）一起做过对公司重组的研究；与赛义德商学院的奥伦·萨斯曼（Oren Sussman）和现就职于清华大学经济管理学院的黄张凯（原赛义德商学院博士生）共同开展过对投融资和现金流波动的研究；与当时英格兰银行的菲利普·戴维斯（Philip Davis）一起做过对欧洲债券市场和银团贷款的研究；与现分别就职于根特大学的科恩·舒尔斯（Koen Schoors）和耶路撒冷希伯来大学的耶西·雅菲（Yishay Yafeh）（当时他们在牛津大学访学）共同开展过对风险投资的研究；与日内瓦研究院的达米恩·内文（Damien Neven）一起做过对金融服务监管的研究。

在彼得·里希特霍芬（Peter Richthofen）和埃斯拉·艾尔丹姆（Esra Erdem）的协助下，我与伦敦大学学院的温迪·卡林（Wendy Carlin）一起围绕转轨经济和世界各国不同金融体系的表现进行了一系列研究。之后与现就职于伦敦政治经济学院的安德鲁·查尔顿（Andrew Charlton）一起做过关于跨国公司的研究。

我的主要合作项目还包括与布鲁塞尔自由大学的马克·贝希特（Marco Becht）共同开展的研究。另外，在与伦敦商学院朱利安·弗兰克斯合作研究的基础上，我们创立了国际研究者联盟（当时被称为欧洲公司治理联盟），对几个不同国家的公司所有权和控制权进行比较研究，该联盟现已成为总部位于布鲁塞尔的欧洲公司治理协会。

随着对不同国家金融体系和公司了解的深入，我愈加认识到探究这些差异产生根源的重要性。1998年，应青木昌彦（Masa Aoki）的热情邀请，我利用学术假期的机会来到斯坦福大学经济系进行了关于公司、法律和金融机构发展历史的研究。在初步获得一些间接资料之后，我又与伦敦商学院的朱利安·弗兰克斯和现就职于伦敦帝国理工学院的斯特凡诺·罗西（Stefano Rossi）共同对英国公司所有权和控制权的演化进行了研究。在国家经济研究局一个关于家族企业的研究项目的资助下（该项目由阿尔伯塔大学的兰德尔·莫克（Randall Morck）领导），我们收集了100年间的数据，发现如同12年前对于公司财务、所有权、控制权的国际比较一样，对公司和金融历史的研究也是一块处女地。接下来，我与博科尼大学的汉斯·瓦格纳（Hannes Wagner）一起进行了对德国的研究，与早稻田大学商学院的宫岛英昭（Hideaki Miyajima）一起进行了对日本的研究。

我最新的研究领域是关于法律与发展。我先后与密歇根州立大学艾利布罗德研究生管理学院的苏珊娜·弗卢克（Zsuzsanna Fluck）、牛津大学法学院的约翰·阿穆尔（John Armour）、哥伦比亚大学法学院的杰夫·戈登（Jeff Gordon）、牛津赛义德商学院的博士生安德里亚·保罗（Andrea Polo）进行了合作。在盖茨基金会的邀请下，我曾前往肯尼亚研究移动货币，此后与曾在盖茨基金会工作的伊格纳西奥·马斯（Ignacio Mas）和法兰克福金融管理学院的迈克尔·克莱因（Michael Klein）在这方面进行了合作研究。

在学术上，我最要感激的是教授过和指导过我的老师们，首先是牛津大学奥里尔学院的德里克·莫里斯（Derek Morris）教授，正是他激发了我对于经济学的兴趣；牛津大学圣约翰学院的约翰·凯教授，本时代最伟大的经济学作家之一，教会了我如何去思考；70 年代末期，当我作为哈克尼斯学者在哈佛大学进行访学时，哈佛大学经济系的理查德·凯夫斯（Richard Caves）和当时在哈佛大学商学院工作的约翰·林特纳（John Lintner）两位老师将我带入了金融与监管的神秘领域，后来这两位老师在大西洋这一侧的英国很出名。

本书是对我所有研究项目的内容精炼，这些研究成果此前都以更为学术化的形式体现在众多专著和文章中，同时还在世界各地 100 多个会议和研讨会上报告过，这些报告有些是面向学者的，有些是面向企业界人士的，还有些是面向政府和国际机构官员的。研究成果和相关的参考文献都列在了本书中。

与此同时，我还作为一名创业者和经济顾问经营着我的另一个人生角色。1986 年，我和现就职于牛津大学新学院的迪特尔·赫尔姆（Dieter Helm）协手成立了 OXERA 公司，一家位于牛津，为企业、监管机构和政府在微观经济方面提供建议的咨询公司，侧重于企业与政府之间的联系。在路易斯·科雷亚·达·席尔瓦和海伦·詹金斯（Helen Jenkins）的领导下，OXERA 公司已成为欧洲最成功的经济咨询公司之一，而创建该公司的过程也使我获得了第一手的创业经验。

我对组织运营实践的了解还不止于此。1994 年我作为首位教授回到当时牛津大学新成立的管理学院，此后帮助建立了牛津大学商学院，2006 年商学院更名为牛津大学赛义德商学院，我成为首位院长。虽然忙于院长的工作使得本书的成书时间推迟了 5 年（我本应于 2006 年向牛津大学出版社交付书稿），但这一工作使我能够接触世界范围内的商界、金融界和政界的领导人，他们都肯定了本书议题的现实意义和学术重要性；院长的工作还使我得以深入了解现行的管理教育模式的优势和不足。此外，作为英国竞争诉讼法庭的成员，我还有机会以法官的视角去观察法律的实际操作。

我很感谢牛津大学出版社的经济学责任编辑们耐心地等待我交付书稿，并帮助本书最终得以出版。两位牛津大学瓦德罕姆学院的本科生莎拉·伊曼（Sarah Inman）和高瑞夫·康哈利（Gaurav Kankanhalli）以及博士生阿迪尔·马利克（Adeel Malik，现就职于牛津大学伊斯兰研究中心）为本书提供了研究支持。我还要感谢费伯出版社和格鲁夫/大西洋出版公司允许我援引萨缪尔·贝克特（Samuel Beckett）《终局》中第 10 章中的内容。

本书的原稿还曾收到 60 余位专家学者的建议，包括 Christopher Allsopp，Gerry Bacon，Marco Becht，Amar Bhide，Patrick Bolton，Francesca Campbell，Paul Collier，Luis Correia，Paul Davies，Stephen Davis，Jeremy Edwards，Andrew Ellul，Guido Ferrarini，Clare Fisher，Merritt Fox，Marc Goergen，Leo Goldschmidt，Jeffrey Gordon，Hamid Hakimzadeh，Henry Hansmann，Gay Haskins，Donald Hay，Dieter Helm，Philip Henderson，Gerard Hertig，John Hicklin，Laura Hoyano，Zhang-kai Huang，Lalit Johri，Howard Jones，Kate Judge，John Kay，David Kershaw，Michael Klein，David Levy，Andrew Lodge，Adeel Malik，Christine Mallin，Roger Martin，Jose Martinez，Ignacio Mas，Annette Mayer，Hannah Mayer，Ruthe Mayer，Derek Morris，Alan Morrison，David Musson，Geoffrey Owen，Andrea Polo，Thomas Powell，Luc Renneboog，Georg Ringe，Stefano Rossi，Edward Rock，Mark Roe，Philip Sadler，Andrew Schuller，Laura Spira，Andre Stern，Adam Swallow，Ira Unell，Terry Vaughn，Theo Vermaelen，Hannes Wagner，Stephen Wilks，Yishay Yafeh。

最后要说的是，我亏欠最多的显然是我的家人。他们要忍受我持续不断地参加会议、国际旅行、合作著书以及最为糟糕的一点——在电脑前工作。对学者来说，电脑是思想的面包；对家人而言，却是罪孽的源头。

所幸的是，在我完成本书时，仍可像文学巨匠马里奥·巴尔加斯·略萨（Mario Vargas Llosa）那样进行"50多岁男人"的自我反思："在这个年龄阶段，一个男人的智力和感官都达到了顶峰，吸取了以往的经验，最受女人欢迎，却最被其他男人敬畏。"我希望可以借此避免陷入爱因斯坦所说的"50多岁的男人难以接受新思想"的困境。然而，如果我的致谢有所遗漏，请您一定从山姆·戈德文（Sam Goldwyn）的话中得到一些慰藉——"这么多人出现在迈耶葬礼上的唯一原因就是想确认他真的是不在了。"所幸这是路易斯·迈耶（Louis Mayer）的葬礼，而不是我的。

目录

第 2 部分　为什么会发生

第 3 部分　我们该怎么办

引言

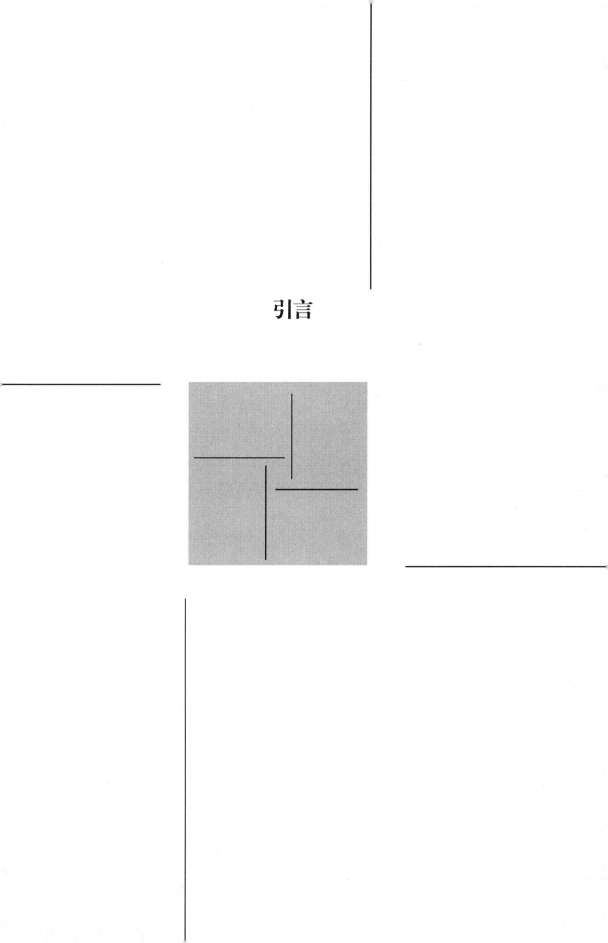

1849 年托马斯·卡莱尔（Thomas Carlyle）将经济学描述为一门"沉闷的科学"，尽管他当时是在主张复兴奴隶制的情况下提出这一观点的。显而易见，通过颂扬市场的功效，经济学规律会迫使人们接受无法控制的未知力量的操控，并限制我们尝试去做出改变。按照经济学的说法，世界是由市场决定的，谁都没有能力拂逆市场的意愿，就算是政府，在多数情况下也如此。

上述规律在经济学的核心组织——公司中体现得最为明显。与市场一样，公司也由主宰了我们生活的遥不可及的未知力量操控。这种非凡的组织缔造了超乎想象的繁荣，也带来了出人意料的痛苦，本书既对它表示敬意，同时又加以批判。随着本书阐述的深入，我们对公司的态度将越来越多地偏向后者。公司正逐渐变成一个怪胎，它贪婪无度，威胁着要吞噬掉我们。

我们的当务之急是要解决公司的诸多失败问题，不仅要避免给我们的经济繁荣、社会凝聚力和生存环境带来破坏，还要为冲破"沉闷的经济学"的束缚提供一条救生索。公司有能力使我们的生活变得更有意义，能提供让我们摆脱贫困、社会不公以及生态破坏的机会，使我们的生活不像现在这样被短视左右。

公司之所以具备这样的能力，是因为它能够弥补个体能力的不足，防止我们由于个体的失败而出现经济上的贫困。为了理解公司的这种潜力，首先我们要肯定人类根据自己的样子创造了公司这一法律虚拟的非凡成就；从本质上讲，我们创造了一个既类似于我们又有所区别的客体。公司的独特之处在于它通过实现种种非凡壮举改变着我们的生活，好似一位忠实的仆人，一方面帮我们实现能力之外的事情，另一方面又不让我们做出太出格的事情。

除了公司的诸多贡献，本书也将揭示公司的缺陷，并论证它是如何变身成为一个有违设计初衷的怪胎，而不再是一位忠实的仆人的。我们将看到，在过去的几百年间，公司有了显著的进化，本应与我们生活的世界更相称，然而却适得其反。

　　造成这种局面的原因之一是我们错误地理解了公司的本质和作用。公司被认为具有多方面的特征：首先，它具有将资本和劳动投入转化成产品和服务的"生产功能"；其次，它是一种为降低特定活动的"交易成本"而设立的机构；最后，它还是员工、供应商和购买方等多方之间契约的缔结者。公司为了其所有者——股东——的利益而存在，那些负责经营它的人——董事们——的根本职责是增加所有者权益。这样一来，经济效率得以提高，同时，通过企业的声誉，包括员工、社区及客户在内的更广泛的社会利益也得到了满足。当产生冲突时，通过个人诉讼和公共监管予以调解，而在那些私营公司无法解决的更为广泛的社会考量方面，国家则介入填补空白。

　　股东利益、契约、声誉、监管和国家参与这些因素联合作用共同支撑起了世界各国的经济框架，这也是本书第 1 部分的主旋律。这种联合作用也正是国内外公共机构对内和对外政策的基础。当市场失灵时，需要有更多的监管和政府参与；而当国家机构失灵时，则需要私有化和更加自由的市场。这种经济和政治上的共识在 20 世纪末期逐渐形成，目前已被广为接受。然而，此派观点却存在严重的缺陷。

　　另一种同样错误的非传统观点是另辟蹊径地从"公司社会责任""社会创业""利益相关者价值观"的角度去理解公司的本质和作用，认为这才是公司和市场的根本问题，并需要在更广泛的社会议程中将公司和市场重新定位。这种观点试图改变公司和市场的目标，使之与社会目标重新匹配，但却没能建立起实现这些目标的可信的执行标准，并且无法确保那些具有社会意识的人群的利益与更为广泛的社会群体的当前需求保持一致。

　　以上两种传统和非传统的范式都没能对公司性质做出令人信服的描述。本质上，公司并非只是一个从投入到产出的简单关系，或者是为了在公司内部实现更低的交易成本，抑或作为能与其他方签订契约而设立的法人机构。它的首要目标并不是为其股东或利益相关者谋取利益，而是为了制造、开发和交付产品并为居民、社区和国家服务。这是通过投资者——债权人及股东、利益相关者——员工、供应商和社区的共同参与来完成的。在此过程中，它将对各方的承诺和各方所施加的控制两方面加以平衡，并采取多种方式来实现，而以股东利益为导向的传统公司模式只是其中的一种表现形式。以股东利益为导向既非完全正确，也非完全错误，公共政策假定它非此即彼是严重错误的。

本书的第2部分解释了为什么会出现这些错误的公共政策，以及是什么原因导致了近期公司负面问题的出现。这种现象背后的原因是公司的本质、公司所有权和治理方式都已经发生了重大的变化，这些变化打破了公司经营层与其他利益相关者之间的权力平衡，而我们对此却毫不知情。

权力平衡的改变之所以重要，是因为我们作为个体面临一个基本矛盾：一方面要施加控制，另一方面又要向那些寻求合作的对象兑现承诺。经济学已经准确地强调了市场对我们作为消费者施加的控制的重要性。然而，作为所有者、管理者和投资者，能够彰显出承诺——制约那些对他人造成伤害的控制权，至少与公司的经营同等重要。公司是一种向他人提供承诺的机构，这正是本书所要重点强调的概念。本书的第2部分将主要探讨近期的一些变化如何削弱了公司的这一特质。

本书的第3部分讲述如何使公司重建承诺，并如何借此去解决迄今为止出现的、通过法规监管与国家干预寻求解决但却未能解决的诸多矛盾和冲突。公司承诺的重建有两种方式：一种是通过公司的管理即由管理层行使权威来实现，另一种是通过股东的所有权和控制来实现。两者应协同作用，以平衡公司的承诺范围和公司活动受利益相关者左右的程度，并根据经营活动的特性，在不同公司之间有所区别。我们应欢迎公司基于不同的行业、国家和时代采取多样化的组织形式，而并不局限于先入为主的思维框架，例如股东价值优先的模式。

公司的法理强调契约、财产和代理三个方面：契约的设计和实施；持有公司财产而被赋予的权利；代理人与委托人（即股东）之间的关系。同样，经济学与金融学的焦点也集中于契约、激励和控制三个方面。然而，公司的法理与经济学均未对非合约化的对象、和关系与承诺相对应的问题予以同样的重视。本书将聚焦于以下三个镜像：契约债权的局限性；财产权行使的限制；公司对第三方即利益相关者的受托责任。换言之，人们传统上对公司的关注重点是激励、所有权和控制权；而本书所关注的重点是义务、责任和承诺。

本书分三个部分依次阐释了以上这三个方面的内容。第 1 部分是关于契约的局限性，以及在受限契约或无契约保护的情况下向利益相关方履行义务的问题。第 2 部分阐述了赋予股东过多的财产权所带来的影响，以及由于关联责任的存在公司所有权应受到的限制。第 3 部分为公司向第三方的承诺，以及如何形成可靠的履约机制。

我在本书后面所描述的"公司的神奇力量"，源于公司拥有的结合与平衡的能力，这种能力在传统观点看来是针对激励、所有权和控制权，而本书的视角则是针对义务、责任和承诺。公司之所以可以做到这一点，是基于其所有权和控制权相分离的独有特点。在传统观点看来，这种权利的分离会加重契约、财产和代理三个方面的问题，进而更加强调对激励、所有权和控制权的需要。由于这个原因，这样的属性能够帮助我们理解义务、责任和承诺的内涵。公司的所有者和经营者就如同人脑的两个半球，所体现出来的个性并非源于它们自身的法律形式，而是取决于两部分之间的平衡和联系。

公司通过三种方式来实现这种平衡：公司的价值观；董事会独立于公司所有者的程度；对产权转让的限制。公司的价值观决定了公司所应承担的契约范围之外的义务。董事会的独立性确保公司能够在第三方利益与股东利益相冲突时，维护其对第三方的责任。产权转让限制使得公司所有者对第三方肩负责任。

公司之所以复杂，是因为它需要在多方面的因素中寻找到恰当的平衡点：价值观既要定位准确又要开放包容，董事会既要有自主权又要对所有者负责，既要让第三方参与又要把握受其左右的程度。平衡点取决于公司的性质及其从事的活动，并因时因地而发生改变。公司的结构允许它去找到最合适的平衡点，这也正是公司优于公共企业等其他组织形式的地方。

在这种情况下，公司的财务结构显得至关重要。尽管在传统理论中，财务是不相关的或者在特定的假设下才被认定为相关，本书却认为它与公司性质有着内在关系。所有者的承诺源于其资金被公司使用，将资金用于企业与留在外面作为所有者的私人财产有着本质的区别。如果财务状况不佳，所有者将分配不到股息；而与所有者的权益相比，银行和债券持有人的债务只有当公司有办法兑现它们时才是安全的。

本书不仅讨论了公司行为的积极方面——它能够做些什么，而且论述了公司的规范行为——它应该做些什么。诚然，道德准则更多的是针对个人而言的，不关乎公司，故有道德感的公司这种说法通常被认为是一个矛盾的修辞。对公司而言，其实质和重要的是"投入的资本量"，即投入公司的资金量、对各方的承诺范畴以及承诺的时间三个量的乘积。投入的资本量使公司秉持的价值观具有可信度，从而自然引入了第3章所建议的公司治理和所有形式——信托企业，以及如何能使促进公司效率的积极属性与秉持公司价值观的规范属性二者相匹配。

信托企业界定了对公司有效委托的周期与范围，勾勒出公司在哪些经营活动上可以做出多长时间的有效委托，又有哪些界限是不能跨越的。为了实现这一点，信托企业使控股股东承诺在预定的期限内保留其股权，并向董事会授权以防止公司因其经营活动而损害相关方的利益。它将权力与责任结合起来，并拒绝不负责任的权力。因此，信托企业定义了有道德感的公司这一概念，并确定了其实际执行方式。在这种情况下，信托企业的道德水准就超越了个人的道德水准。

信托企业之所以能做到这点，源于它能够准确地辨识公司的价值观、股东的委托期限以及由董事会施加的对公司经营活动的限制。作为一个独立的法律实体，相比我们作为个人所能够实现的，公司可以承担更多的义务，实现更多的控制。这种双重功能可以实现对我们自身有利的结果，如果该功能缺失了，我们就失去了这一优势。因此，信托企业的道德正反映了其对经济繁荣的贡献、对自身不道德行为的限制以及当此类事情发生时进行纠错的能力。它的道德行为水平是我们作为个体可望而不可即的。

公司也提供了一种将他人的福祉和利益内化于公司自身利益的途径。随着提供公共及社会产品和服务在政府事务中的比重不断提高，以及公司变得愈加关心其公共和社会形象，公共事务和公司经营活动两者在稳步趋同。这体现为在许多国家公共企业的私有化以及将公共服务以公私合营组织的形式分包给企业。然而，在提供公共产品和服务的效率以及企业有效地坚持负责任的行为两方面，都存在严重的缺陷。本书第 3 部分为解决以上两个问题提出了建议，并自然而然地得出了公共事务和公司经营活动两者稳步趋同的结论。

通过公司税收这类公共政策工具，公司可以超越其利益相关者为全社会作出贡献。为了修正公司的缺陷，监管和国家干预都要求企业的行为具有高度的一致性。这样一来，就限制了选择性，在本需要多样性的地方却假定了同质化，并使民众过度地受到特定利益集团的影响。相比之下，信托企业所采取的形式是多种多样的，在实现社会目标的同时，也避免了目前公私关系所存在的弊端。这样再借助其他结构合理的公共政策工具，多方的利益得以统一而非对立。公司可以承担起包括保护我们的传统和环境等诸多职能，而迄今为止，我们都需要依赖于国家等其他机构来实现。从此，我们可以重新建立起一直期盼但迄今都被否定的对公司的信任。

2008 年的金融危机以及最近对伦敦银行同业拆借利率受到操纵的披露都例证了现代公司的缺陷。在这两个案例中，与事件关系最为密切的两个银行分别是雷曼兄弟和巴克莱银行，然而它们的创始人都是具有非常高的道德标准的家族。迈耶·雷曼（Mayer Lehman）用犹太人的传统——慈善（tzedakah）来教育他的孩子们，每周日带他们到纽约西奈山医院的病房去了解社会中不幸群体的窘境。[1]巴克莱银行的创建者约翰·弗利姆（John Freame）出版了《圣经的指示》，这本关于道德的教科书被贵格会学校使用了一个多世纪。[2]本书的第 1 部分描述了创始人所承担的广泛责任是如何退化到今天的使分散的股东和职业经理人的收益最大化这个单一价值的；第 2 部分描述了上述事情发生的缘由，以及为什么人们不愿意看到有时享有特权的、独裁的和不民主的家族企业的回归，相反倾向于采用更加透明和包容的股份制公司的形式来持续地增加创始人家族的价值；第 3 部分描述了如何通过信托企业来可靠地实现这一点。

在不依赖于监管机构或者国家支持的前提下向企业灌输道德规范、建立公司承诺机制以及恢复人们对公司的信任，都是我们这个时代最为迫切的需要。由于具有道德感的公司本身就是一个经济高效的公司，因此这类公司对于经济效率和社会福利来说是至关重要的。因为大部分关系无法被具体地契约化，所以要依赖信任，而信任又取决于相关各方所做的承诺。一旦有了承诺和信任，代表利益相关者和更大社区利益的价值就能够可靠地维系。因此，提高经济效率与规范公众利益两者是具有一致性的，一个国家的竞争优势取决于其企业的道德血液。

本书引入了人类学、法学、哲学、政治学和社会学的部分内容，不过支撑的基础仍然是"沉闷的"经济学本身。本书开始重新考虑公司的经济学概念，这对于企业的经营和公共政策的制定有着深远的意义。本书最后向实践者和政策制定者提供了一系列具体建议。在论证的过程中，本书展示了经济学可以再次成为"快乐的科学"，正如同维多利亚时代的人所描述的那样——与沉闷的科学相对应——是能够"改善生活的知识"。公司能够改善我们的生活；经济学则可以提供改善生活的知识。希望本书能够对读者改善生活有所帮助。

第1部分

公司为何使人失望

第1章 开篇

本章包括：由加拉帕戈斯群岛和亚马孙两个案例阐释的滥用信任的后果，以及由此导致的干预性监管；公司如何为人类带来令人瞩目的效益和繁荣，又如何成为巨大的痛苦和失败的根源，以及二者正在如何加剧。

第2章 道德和市场

本章包括：股东价值原则及其对经济效率的重要性；这一原则的道德基础以及股东的权利；利益相关者的范畴和重要性，以及受股东利益影响的程度；契约提供给利益相关者的有限保护；对利益相关者进行保护的法律框架；不同国家之间公司法的区别及其局限性。

第3章 声誉

本章包括：声誉在公司市场价值中如何体现；声誉如何惩治那些给公司客户、员工和投资者带来不利影响的行为，又为何未能阻止对其他方造成不利影响的行为；金融投资的收益如何以牺牲后代的利益为代价获得，又如何导致经济体中资源错配的问题。

第4章 监管

本章包括：监管的作用；监管如何促进操纵行为和不道德行为；公司治理的强化如何产生意想不到的后果并加剧金融危机；公司如何被鼓励以牺牲纳税人的利益为代价来增加股东利益；由股东价值、契约、动机、声誉和监管构成的现行体系的失灵问题。

第 1 章
开篇

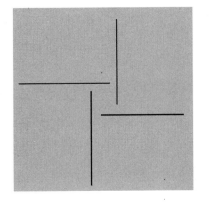

在柏林博物馆陈列的一幅卢卡斯·克拉纳赫（Lucas Cranach）关于亚当和夏娃的油画作品前，并排站着一位经济学家、一位心理学家和一位社会学家。经济学家说："我看到亚当拿着苹果，夏娃拿着树叶。这个经济模式很简单，亚当在用他的苹果换取夏娃的树叶。""不，不，"心理学家说，"他们正要做爱。""不，不，"社会学家说，"他们缺衣少食，却自认为是在天堂。"

◉ 在天堂里

就像英国生物学家查尔斯·达尔文观察的那样，在加拉帕戈斯群岛上有许多异常的事情，但其中最为惊人的就是动物并不惧怕生人。你可以坐在鬣鳞蜥的旁边，骑在海龟的背上，或与海狮一起玩耍。甚至当有人在身旁出现时，鸟儿仍然平静地栖息在岩石和树枝上。为何鸟儿不像平时那样，哪怕最微小的声音都会受惊飞起？难道它们没有意识到现在的我与几天前或几小时前还在英国的我一样都是人类？

当然，这些动物也可以被束缚在栖息处，这正是现在一些公园的做法；或者如同大多数动物一样被关在笼子里展出。然而，加拉帕戈斯群岛上的动物都没有遭此厄运。它们就像你我一样，可以自由地信步离开。但它们并未如此。事实上，和它们的一些人类同胞不同，动物看上去更喜欢我的陪伴。它们这是怎么了？

如果我们带生物学家上岛，他们会说这里缺乏捕食者。如果我们带社会学家上岛，他们看到的会是人类和动物肩并肩一起生活的和谐社群。如果我们带律师上岛，他们将会援引禁止干扰自然栖息地的法律。如果我们将经济学家带到这里，他们将会看到这一切所蕴含的商业价值。

谁是对的？从某种意义上讲，所有人都是对的。对动物来说，在人类被视为掠食者的环境中，逃离人类是一种自然的防御反应，这和在没有人类威胁的环境中它们不会做出逃离的反应一样自然。因此，加拉帕戈斯群岛上的人类和动物学会了和谐共处。这在一定程度上是通过群岛的规则来实现的，这些规则不仅控制住了人类掠食者的本性，而且抑制住了人类去开发或影响动物生存环境的倾向。这一规则背后的深层动机是岛上居民和政府能够从野生动物所带来的繁荣的旅游产业中获得商业利益。

所以，生物学、社会学、法学和经济学都在发挥作用。但这种和谐的画面亦是假象。事实上，加拉帕戈斯群岛的历史就是几个世纪以来人类对自然栖息地的蹂躏和掠夺史，并被我们更为熟悉的家畜侵占。捕鲸者过来寻找鲸油，象龟被输出到美国等地，鬣蜥蜴被视为美味佳肴。那些没有被人类消费掉的动物，则成为人们带到岛上的狗、山羊和驴的侵害对象。在达尔文之后到来的科学家甚至加剧了加拉帕戈斯群岛的苦难，他们把脆弱的物种带到博物馆或列入私人海外收藏品，从而造成许多岛屿上的物种灭绝以及种群数量急剧减少。

所以，加拉帕戈斯群岛远非人类与动物之间和谐共处的天堂，而是其本土物种的屠戮之地。仅仅是在最近几年，由于领悟到其旅游产业的发展潜力，对这片栖息地的保护才被提上议程。一个曾经充斥海盗、掠夺者、囚犯和天真冒险家的荒芜之地，现在被推广成太平洋岛屿上的一个高端旅游胜地。

动物如何知道这些旅游者不同于几年前来吃它们的那些人呢？我可以读懂"亵渎或破坏环境是犯罪"的警示，军舰鸟却不能，难道一只聪明的象龟能体会到旅游业的增长意味着人们现在更欣赏它们的美丽而不是它们的味道了？

问题的答案就是群岛已经给这里的动物提供了世界上绝大多数生物难以企及的保护。二三百年的掠夺史相对于群岛有记录的历史来说很长，但是相对于群岛及其原生物种的历史来说还是很短。诚然，今天幸存下来的物种比起达尔文当时所遇到的少了一些悠然自得，但是，鉴于人类的掠夺史在它们的进化周期中只占了较短的片段，我们今天所见到的动物的行为可能与几个世纪前它们在良好环境中表现出的行为区别不大，整个群岛相对于世界其他地区保持着高度的物种多样性。这正是令达尔文着迷的地方，也是令加拉帕戈斯群岛至今仍如此特别的原因。

在另一边厄瓜多尔的亚马孙热带雨林中，正在进行另一场战斗。与加拉帕戈斯群岛的情况不同，这里的动物生活在对彼此的恐惧之中。如果你想要看到什么，就必须悄悄地爬行穿过丛林，或通过双筒望远镜努力窥视栖息在遥远树枝上的鸟儿。人们只能等待着海豚为了换气将头探出水面片刻，然后又重新消失在浑水之下，更别提骑在它们的背上了。这里的动物没有得到如同加拉帕戈斯群岛那样的保护，它们的行为反应是经过时间适应后的结果。

但是调整自身行为最快的并非动物而是人类。再一次，油品资源成为土著人恐惧的核心，这种油品并非从将捕掠者引至加拉帕戈斯群岛的鲸鱼身上提取的那种，而是从地底下开采出来的石油。对热带雨林的破坏使土著印第安人和当地的动物都受到了伤害。

我们许多人会争辩，这就是前进的步伐。我们需要亚马孙的石油，倘若我们给予那些因石油开采而失去家园的土著居民适当的补偿，就理应抽取地下石油；如果我们重视生物和种族多样性，就必须为之付出；如果该地区有发展旅游产业的潜力，就如同现在人们认为加拉帕戈斯群岛适合发展旅游产业一样，就应该对之进行开发。确实，亚马孙"生态旅游"正在多种不同形式的伪装下兴起，其中一些是"旅游"多过"生态"。为了保护种族文化，生态旅游必须在我们与大自然之间建立起类似于我刚提到的为保护加拉帕戈斯群岛而必须建立的关系。

加拉帕戈斯群岛、亚马孙生物以及亚马孙土著居民三个实例的有趣之处在于捕捉到了信任关系中的不同要素和结果。鸟类和动物改变行为的反应相对较慢，而土著居民反应迅速。人类基于其他人的行为调整自己的行为，所以在加拉帕戈斯群岛我们仍可以观察到动物与几个世纪以前类似的行为，而人类之间的信任关系即使在与很久以前同等的条件下也可能荡然无存。我们一般不需要几个世纪的时间来逃离人类带来的巨大破坏，所以即使信任关系可以在一个较长的时间内维系，仍很难观察到人类将有怎样的行为表现。然而，在动物和鸟类的案例中，我们可以观察到它们在不同进化周期阶段的行为——就亚马孙热带雨林而言是进化的后期，就加拉帕戈斯群岛而言是接近进化的初期。

将加拉帕戈斯群岛与动物园作一下比较：在动物园里，动物被锁在铁栅后面，我却可以自由走动、无所畏惧。而在加拉帕戈斯群岛上，我被明确地告知哪里可以走，被指示不能偏离路径、抽烟或乱扔垃圾，并被要求爬行通过以免打扰睡梦中的鬣蜥蜴。结果，我可以近距离观察自然环境中的动物和鸟类。相反，在动物园里，动物不是处于自然环境中，而我却是。所以，当猿猴从笼子里向外看时，它们可以饶有兴趣地对处于自然栖息地的人们进行观察。

此外，尽管在加拉帕戈斯群岛上看到了一个关于动物、鸟类和爬行类的美好景象，但是它花费了我一天中最美好的时光，为了到达那里我还破费不少。所以，到访加拉帕戈斯群岛的人不具有典型性——主要是白人和有钱人。另一方面，对世界各地的许多人来说，到达伦敦动物园要更容易些。因此，猿猴不仅可以观察到处于自然生活环境中的人类，而且可以看到比加拉帕戈斯群岛上的达尔文雀种类更为多样和更富有代表性的世界人口样本。

由于人类把动物和鸟类视为食物和毛皮的主要来源，因此已经失去了它们的信任，我们不得不把它们囚禁起来，以其他方式对之进行观察。野生动物园的环境较之普通动物园更加自然，但问题在于如何找到动物——至少直到可以对动物做出标记的技术出现，游客才能难得一见地看到一只美洲豹并因此感到很欣喜。

在人类自我约束的地方，物种、森林和生态群落得以幸存；而在那些我们肆无忌惮的地方，它们则消失了。这就是加拉帕戈斯群岛与亚马孙热带雨林两者之间可观察到和可衡量出的差别。无形的影响甚至更为重要：我们的行为方式作用于他人身上，反过来又影响着我们自身的幸福。在自我约束之处，我们受到信赖；而在放纵之处，我们让人惧怕且不受欢迎。此过程是不可逆的，就像熵的增加一样，存在一个越来越不被信任的规律。信任一旦失去，就不可能恢复。我们想让时光倒流，重塑信任，但是无法抹去曾经的语言和行动。它们就像终审判决，一旦做出无法上诉。

我们希望能够展现更多的自制和律己，在加拉帕戈斯群岛这样存在天然屏障允许我们这样做的地方，从中受益。我们希望拥有更多这样的岛屿，本书将描述如何让这个世界遍布允许我们展现出自制和律己的岛屿，公司岛屿帮助我们展现出相比没有它们时更大程度的自我约束。当岛屿缺失时，我们依靠其他方式来约束自己，人们所熟悉的监管就是其中之一。当信任被破坏时，监管（动物园的金属笼子）被用来防止滥用职权，但是人们又发现监管具有不合需要和高成本的特点（动物园里的非自然环境）。与限制手段相比（标记野生动物），更多依赖于信息和声誉、少用干预性监管的方式却被那些为了财富宁愿牺牲声誉的人们（野生动物保护区的偷猎者）践踏，从而又导致必须加强监管（圈养动物的围栏）的局面。

我们目前正处于一个底点——信任的崩溃加剧了对机构的广泛性、干预性监管，而这些机构其实具有成为我们未来信任之岛的潜力。

◉ 留下好公司

我们的生活由公司主导——吃靠它，行靠它，娱乐靠它，我们从出生到死亡都要与之打交道。我们大部分工作时间在公司度过，大部分休闲生活依赖于它，因为，正如约翰·米克勒斯维特（John Micklethwait）和阿德里安·伍尔德里奇（Adrian Wooldrige）所言，"公司是世界上最重要的组织"。[1]

现代公司[2]是一个奇迹，也是人类所构思出来的最为天才的设计之一。设想一下可以对你的律师说：你想构建自己的法律虚拟，拥有你的诸多权利和义务，并有可能永续存在。只要花费几百美元来构建另一个你，可以给它起任何你喜欢的名字，大张旗鼓地加以启动仿佛要去拯救世界。这听上去好像梦游仙境的爱丽丝和科学怪人的混合体，而其实这正是现代公司——一个与我们的世界相并行的世界，由像我们但又不是我们的生物占据。

公司是一个法律实体，与你我一样都有其法律上的形态。[3]但与其所有者和管理者不同的是，公司是个法人。公司可以用自己的名义进行活动、筹集资金、开设银行账户以及向他人付款。它可以起诉与被起诉，雇佣与被雇佣。[4]它可以时而蛰伏时而活跃。它是世界上最重要的一些发明和创新的源泉，将现代技术带入人们的家中，创造了社区，建造了城市。它还是电力和救命药物的生产者。

这样的法律实体已被大批量地创建出来：美国有大约600万家企业（如果包括独资企业则有2800万家），雇佣了1.2亿人口（大约是美国总人口的2/5），并持有约30万亿美元的资产。[5]而且企业的数量正在快速增长——1992年以来美国企业的数量已经增长了1/3。在世界其他地方，企业如雨后春笋般涌现：在中国，2004年第一次经济普查至2008年第二次经济普查之间，私营企业的数量大约增长了80%；在印度，1998年第一次经济普查至2005年第二次经济普查之间，企业的数量大约增长了40%。[6]全世界每年大约有300万家新公司注册。[7]

未来几年，这一过程仍将进一步加速，有如下几点原因：创业活动的增加；从公共经济向私营经济的转移；全球性企业的出现。公司被视为一种商业创新，是解决公共经济效率低下问题的一个妙方，以及在世界范围内传递商品和服务的一种方式。值得注意的是，这样一个简单的经济组织被认为能够解决所有问题，小到在花园小屋工作的孤独发明家的需求，大到国家和大洲的需求，这正是公司所做的事情。

公司也有其阴暗的一面。在给我们提供食物、住房、教育和交通的同时，它也在剥削、污染、毒害着我们，并使我们陷入贫穷。从拉夫运河污染、博帕尔化学品泄漏、墨西哥湾原油泄漏到福岛核事故，这些环境灾难无须重述。围绕巴林银行、安然公司和世通公司所产生的金融灾难，以及同样众所周知的涉及波力派克（Polly Peck）、施乐、皇家阿霍德（Rogal Ahold）和萨蒂扬公司（Satyam）的会计丑闻也无须逐一回顾。

不过，最近发生的事并不在同一个数量级。在过去的几十年里，公司的错误曾导致环境灾难，摧毁城镇、海洋和动物物种。但仅在过去几年里，公司的活动就将金融体系带到崩溃的边缘，将一些国家的政府推至破产状态。根据国际货币基金组织的统计，因金融危机造成的银行损失超过了2万亿美元，仅美国就将近有1万亿美元。[8] 2008—2009年度二十国集团的财政收支占国内生产总值（GDP）的比重平均减少了8个百分点，政府债务则增加了20个百分点。[9] 2011年英国的累计损失至少为年度GDP的25％，而最终的损失可能是其数倍。[10]

公司正在发生改变。以前的公司活动可能给其客户、供应商和投资者带来毁灭性的后果，现在它们却可能破坏经济、社区和物种。毫不夸张地说，正是由于公司的疏忽、无能、贪婪和欺诈，它们成为我们的生计以及所居住世界的一种威胁。公司的好处和成本在未来都会增加。

在好处方面，公司作为科学和技术进步成果的承载者，提供了几十年甚至仅仅几年前都难以想象的巨大财富。例如，为了能够从世界各地获取知识，公司进行了跨大洲的视频和语音交流，并依据人类基因组测序发展了医学治疗手段，这是一项了不起的科学发现与商业化的结合。随着科学发展步伐的加快，这样的机会只会越来越多。但是随之而来的是，成本越来越高，风险越来越大。发电的同时伴随着污染物的产生，疾病根除的同时伴随着进一步的传播，全球安全加强的同时伴随着进一步的崩溃，这些不仅仅是由技术工艺造成的风险。如果问题纯粹是随机的，由错误和意外导致，那么我们就有机会去遏制和纠正它们。

更令人担忧的是，我们作为人类被有组织地鼓励去利用这些发展来伤害同胞、动物和环境。我们繁荣的手段也越来越成为自我毁灭的武器，我们依照自身形象创造的法律虚拟并未成为仙境中的爱丽丝，却成了科学怪人。要想明白其中的缘由，我们就需要理解当前的公司理念如何导致了它的失败。一旦这些错误的理念得到了纠正，公司能够带给我们的就将是幸福而不是破坏，而它的这一潜力要远远超出我们迄今为止的任何想象。

第 2 章
道德和市场

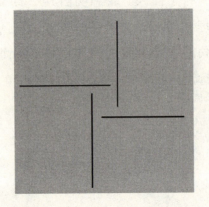

在信任中，没有"自己"，

只有"你们"和"我们"。

◉ 欧洲工商管理学院的愤怒

西奥·维尔马伦（Theo Vermaelen）是位于法国的国际著名商学院欧洲工商管理学院的金融学教授。他是一位才华出众、幽默风趣的学者，深受学生和同事的敬仰。但 2009 年，即金融危机爆发后，他开始忍无可忍。他和同事受到了一些自以为是的嘲讽，说他们失败的学科促成了全球金融危机，维尔马伦教授被激怒了。当听到金融学对股东价值的强调是问题的根源，而他和同事通过宣传这个邪恶的教义把学生引入歧途这样的论调时，他变得更为愤怒了。

因此，维尔马伦教授决定去做一些以前从未想过会做的事情，即写一篇关于伦理——公司伦理——的文章。[1]这是一篇杰出的文章，不仅说明了为什么我们会从追求股东价值中获得实质性收益，而且阐明了按照康德的思想，应该存在一个需要商人遵守的道德律令。

这种指责之所以会触痛维尔马伦教授以及其他许多学者的神经，就是因为维尔马伦教授他们所捍卫的股东价值原则是经济学的核心，并且是全世界商学院的核心教学内容。它是大部分商业活动的存在理由，是多年来政府制定商业政策的基础。因此，攻击股东价值原则就是在冲击全世界的公司、政府和商学院所最为珍视的信念。

股东价值的理念很简单——股东拥有公司，因此期望员工以符合股东利益的方式来经营公司，这是很合理的。员工执行的程度体现在股票的价值上——因此，股东价值无非是管理股东资产的员工对所有者尽心努力的结果。这听起来非常合理，但对许多人来说，它却是贪婪、资本主义剥削、对工人的压迫、对社区的无情破坏和环境退化的根源，甚至是世界上所有或几乎所有问题的根源。[2] 例如，对美国《财富》200 强公司中 34 位董事的一项调查显示：为增加公司盈利，其中有 31 人会砍伐成熟的森林，或者向环境中排放不受监管的危险毒素。[3]

因此，西奥·维尔马伦教授和他的同事觉得有义务去捍卫他们的立场，这毫不奇怪。但令维尔马伦教授的捍卫特别有趣的是他愿意在道德哲学的地盘上去反击对手，而不是诉诸经济必要性进行正常防御。下面，我先引出维尔马伦教授的论点，然后说明为什么我认为它本身存在严重的缺陷。

◉ 股东至上原则

根据维尔马伦教授的解释，股东不只是公司的所有者——他们与别人有着根本的不同。如果你为一家公司工作，你就受雇于它，与之签订合同明确薪资金额，以及需要做什么作为回报。如果你借钱给公司，你会与之签订合同，明确你将在何时得到多少收益。但如果你是一名股东，则没有这样的合同。公司不会对你做任何承诺，你确实有可能会损失所有资金，但却无能为力。如果公司做得好，作为股东的你就会过得好；如果公司做得不好，你就过得不好，在最坏的情况下，你的投资甚至会血本无归。

股东与公司关系的这种不同之处正是维尔马伦教授他们所主张的股东价值重要性的核心所在。相比其他群体，公司的业绩表现更容易对股东造成伤害。他们还面临被那些不关心他们利益的人剥削的风险。既然股东无法像其他人那样通过合同来保护自己，那么，除非可以依靠别人来照顾其利益和财产，否则他们最开始时并不会进行投资。因此，公司的融资活动要求公司必须按照提供资金的股东的利益来经营。

　　除了商业方面的考虑，还有道德方面的考虑。为了避免剥削弱势群体，公司董事必须维护股东的利益，他们是更弱势的一方，承受着更多的风险。这颠覆了通常的伦理争论：工人和客户并非如通常所说的那样是被剥削的一方，股东才是，因为他们是投入资本的人，一旦认缴资本，就永远不能撤回。因此，维护股东利益的道德义务源自股东所面临的不同寻常的企业风险。

　　这并不是说公司董事们会完全忽略别人的福祉。如果在合同义务之外公司可以为股东赚取更高的利润，那么它就应该这样做。例如，如果公司向客户提供高于合同规定质量和可靠性的产品，并向客户收取比弥补所增加成本更高的溢价，这种情况就可能是符合公司利益的。同样，如果客户喜欢环保和合乎道德采购准则的产品，那么公司就应该销售这种产品——不是因为这样做本身很好，而是因为会让股东获益。

　　同样，如果通过照顾员工，很好地培训他们以及提供良好的工作设施可以降低雇佣成本，或提高他们的工作效率从而有助于提升盈利能力，那么公司就应该这样做。如果股东希望公司照顾当地社区并支持公益事业，或者公司可以借此提高声誉和利润，那么公司就应该这样做。如果某些活动有损公司的声誉、侵害股东的利益，公司就应该避免这些被认为是对社会不负责任的活动。

　　公司远非不关心他人，而是要维护除股东之外的多方群体的利益。但是，与股东的权利有所不同，其他群体的权利是衍生出来的而不是根本性的。董事们有责任去维护股东的利益，却没有责任去维护其他群体的利益，除非他们能够增进股东的利益。

　　进一步说，董事们有责任不去做超出股东利益范畴的事情。除非客户愿意支付更高的价格或者员工乐意接受更低的工资，否则他们不会去采购"道德产品"或改善员工的工作条件，不然就会以牺牲股东的利益为代价。如果股东在他们认缴资本之前知晓投资将被花在不能产生财务回报的活动上，那就没有问题；但若没有股东的明确同意，董事们就没有权利这样浪费他们的投资。公司是一种财产形式，应该被用来为股东谋取利益，否则就意味着还有其他所有者投入了与股东等量的资本。

为股东价值辩护的理由既巧妙又有说服力，它不仅具有概念意义，而且具有深刻的现实意义，被嵌入治理公司行为的法律之中。英国《2006 年公司法》第 172 条规定，董事有责任为了公司成员（即股东）的利益而促成公司的成功；同时，公司还应考虑到"公司员工的利益，公司与供应商和客户之间的关系，公司运营对社区和环境的影响，以及公司对维持较高声誉的渴求"——这有时被称为"开明的股东价值"。[4]换言之，公司的基本职责是面向股东的，其他群体的利益均由这项主要职责衍生而来。

下面举例说明这一原则的含义：在英国《公司法》的框架下，公司有义务去保障那些超越相关人权立法之外的人权问题。《公司法》要求董事们"注意到"那些影响非股东的特定问题，包括对社区和环境的影响。这可能包括与商业相关的人权问题，因此，董事们有义务去遵守相关的人权立法，并且在符合公司利益的情况下可以多做一些，但仅此而已。事实上，如果他们的做法在某种程度上损害了股东的利益，那么就是越权行为了。

股东权利和公司对股东的义务的概念因此被深深地嵌入英国《公司法》中，但英国《公司法》在这方面并非什么特例。在美国，董事们是受托人，他们必须向公司及股东履行谨慎义务和忠诚义务。谨慎义务要求董事们在进行商业活动时小心谨慎，忠诚义务则要求他们真心诚意地按照公司和股东的最大利益来行事。只有在与股东利益相一致的前提下，董事们才被允许去考虑公司行为对其他群体的影响。换言之，其他群体的利益，包括人权在内，是由公司股东的利益衍生而来的，再次超越了法律的要求。

如此一来，股东价值的论证已经对关于公司行为治理的相关法律和惯例的制定产生了深刻的影响。尽管这一论证非常巧妙，我却能用它得出完全相反的结论。

◉ 利益相关者的义务

为股东价值以及董事对股东肩负的受托责任和道德义务进行辩护的理由是，股东是投入了不可撤回资本的所有者，并不享有取得回报的契约权利。按照这一令人信服的逻辑，公司的董事们应对任何投入了无法撤回资本、未享有取得回报的契约权利的群体都肩负起受托责任和道德义务。这些其他方的利益至少应该比肩于股东的利益，而且根据投入的程度和范围，还可能排在股东利益的前面。

这样的群体有很多，通常称为利益相关者（stakeholders），以强调他们的地位类似于股东（shareholders）。具体是指那些由于为公司工作、为公司供应原料、从公司购买产品、在公司附近居住，或者在某方面受公司活动的影响从而对公司有所投入的人群。他们可以是员工、供应商、客户、居民以及社区等，他们与公司之间的合约关系充其量只是部分反映了他们的总参与程度。

我们通常在许多组织和活动中同时承担着利益相关者的角色。以个人为例，我曾花费职业生涯中一段重要的时间来帮助牛津大学建立一所商学院——赛义德商学院。如果牛津大学决定明天解雇我（尽管我希望有别人仍然愿意雇佣我），那么我将失去在牛津大学的大量资本投入以及适用于这所大学的特定能力。同样，我还花费了大量的时间在大学之外及大学内部建立了一些机构，如果明天这些机构关门了，那么我花费在它们身上的努力也将付诸东流。

除了投资于工作的地方，我们还对家庭、当地社区以及宗教团体进行投资。如果背弃了我们或迁往别处，它们强加给我们的成本将无法收回。我们试图通过合同来保护这些投资——通过聘用合同、供应合同、婚姻合同以及社会契约等，但最终它们仅能给我们提供局部的安全保障，因为在合同失效时，试图去归咎于谁本质上讲是非常复杂和主观的。我们的付出与股东做出的金融性投资一样从根本上都面临风险。

但是我们的投入真的与那些进行永久性投资而没有契约保护的股东一样吗？答案是在某些方面我们投入得要更多，原因是较之我们股东面临的风险可能要更低，受影响的时间也更短。首先，以公开上市公司为例，股东可以通过出售股票而随时退出，而当他们这样做时，就会得到全部投资的资本价值。相比之下，如果我被牛津大学解雇，或者我帮助培育的某家机构停止运营，那么我就不能指望过去的投资得到完全的补偿。

其次，除了将股份转让给他人，股东总体来说还一直在从公司拿走资本——他们拿走的实际上要多于投入的。在 20 世纪的最后几十年里，从股票市场筹集到的权益资本净额无论在英国还是在美国都是负数。[5]股东主要是通过并购来做到这一点的——当一家公司出于兑现的目的被另一家公司接管时，其收购方也是出于兑现的目的而购买股份。收购交易的金额是巨大的——2009 年全球大约为 3 万亿美元，其中有大约 50％是现金收购。[6]相比之下，2009 年公司发行的新增净股本为 7 000 亿美元，而在 2005—2007 年间这一数值实际上是负的，因为公司直接买回的股份多于卖出的股份。[7]所以股东定期从公司拿走的数额要超过其投入的数额。

一般来说，员工无法将其投资的未来预期价值进行兑现，也不可能依靠与股东相同的收益方式而生活。他们受雇主的摆布，并被不确定的劳动力市场左右。所以，不单股东是进行投入、面临风险的群体，包括员工在内的其他利益相关者面临的风险要更大。我们通过做一个世界范围的价值评估可以粗略地看一下这些群体有多少处于风险之中。

◉ 世界价值评估

2010 年全球股票市场的总市值大约为 50 万亿美元。[8] 所以，造成世界股市缩水 20% 的股市崩盘致使世界财富大约减少了 10 万亿美元。这听起来像是一个很大的数字，但如果与贷款规模相比简直是小巫见大巫。2010 年私营部门获得的信贷总量为 90 万亿美元[9]，金融与非金融企业发行的债券存量略低于 60 万亿美元。[10] 所以，股市股本、贷款以及公司债券三者的市场总额已经达到了约 200 万亿美元。从这个角度来看，全球 GDP 总量——全世界生产出的产品和服务的总价值——2010 年全年大约为 60 万亿美元。[11] 所以，全世界债务和股本的总量相当于年度全球 GDP 总量的 3 倍多。

当然，这严重低估了全世界股本的总量，在英国和美国之外，绝大部分公司，包括那些最大的公司在内，并未在股票市场上市。即便是在英国，在最大的 1 000 家公司中，也仅有大约 1/4 的公司在股票市场上市。[12] 在法国、德国和意大利，这一比例大约为 1/5。在小型公司中，几乎都是私人股权而非上市股权。既然非上市公司比上市公司规模更大，用股票市场的股本价值保守地乘以 3，从而得到约为 150 万亿美元的全球股本总值——几乎与私营企业 150 万亿美元的债务相当——共计 300 万亿美元。与企业部门的金融负债总额相比，金融危机中银行可怕的 2 万亿美元亏损仅是很少的。但即便如此，也严重低估了我们的价值。

全世界受雇佣的人口大约有 30 亿。根据国际劳工组织（ILO）的估计，"弱势就业"（定义为不稳定的就业或组织结构缺乏的就业）的人员比例约占总就业人数的 50%。所以，15 亿人基本上很少或没有就业保障。在这些受雇佣的人当中，大约有 20% 每天赚不到 1.25 美元，有 40% 每天赚不到 2 美元。[13] 所以如果将

500 美元每年作为受聘者最低的收入要求，那么每年大约有 7 500
亿美元的收入是在没有就业保障的情况下赚取的，按照 40 年的工
作生涯计算，共计有大约 30 万亿美元的人力资本没有就业保障。

这当然极大地低估了人力资本的风险承受程度。首先，它并
未包括国际劳工组织统计的全球 2 亿失业人口。其次，尽管每年
500 美元可能是最低的能够维持生计的收入，但这远非平均工资
水平。如果 GDP 总额的 50％与劳动收入相关（即 60 万亿美元中
的 30 万亿美元）[14]，那么每位受聘者的平均年工资约为 10 000 美
元。[15] 按照这种测算方式，处于风险之中的人力资本价值则接近
600 万亿美元。然而，对处于风险之中的人力资本做最保守估计，
世界私营企业的资产负债表中负债方的账户大致如下：

项目	万亿美元
股票市场	50
私人股本	100
银行和其他贷款	90
债券	60
人力资本	30

在本书的不同章节，我们将会参照这些数字。与股东的利益
不同，银行和债券持有人的利益是受契约保护的。这使得 150 万
亿美元的债权人资本（银行和债券融资）与 150 万亿美元的股东
资本（股票市场和私人股本）处于非常不同的位置，而且在股东
价值的拥护者看来，给董事们强加一些面向股东的特定义务是合
理的。然而，债权人也面临风险——他们放贷的企业如果失败，
将无法服务于他们的利益或者偿还他们的贷款。他们也是利益相
关者，越强调股东的利益，债权人所面临的利益相关者的风险也
就越大。

假使我们遵循股东价值原则的逻辑限定，完全由股东自由裁
定如何去部署私营企业 300 万亿美元的金融资本。假设一项投资
或者可以使世界金融资产的价值从 300 万亿美元翻倍到 600 万亿
美元，或者可以使（以相同的概率）300 万亿美元全部损失掉。

你可能会说，这不是一个很有吸引力的命题——它提供了一个或为 100％或为－100％的回报率，因为概率相同，所以预期回报率为零——投资者预期的损失与他们预期的收益相同。但是依据股东价值原则，我们将决策权留在股东手中，由他们去选择如何处置世界财富。从他们的角度来看，这是一项极具吸引力的投资。

如果投资顺利，股东将把他们的 150 万亿美元增加到 600 万亿美元，减去属于债权人的 150 万亿美元，即为 450 万亿美元——150 万亿美元的股权赚取了 200％的收益（增加了 300 万亿美元）。如果投资失败，他们将要损失 150 万亿美元——－100％的回报率。所以，他们的预期收入是 75 万亿美元，即 150 万亿美元股权的 50％回报率。

债权人将不会这么高兴。如果投资顺利，他们的贷款将不受影响，他们将保持 150 万亿美元——零回报率。如果投资失败，他们将一无所有——－100％的回报率。所以他们的预期收益率是－50％，数字正好等同于股东收益，这一点不足为奇，因为这正是纯粹的"财富转移"，正如定义所示——为了股东的利益而对债权人的单纯侵占。

把世界放在股东的手里，他们会尽可能多地将财富从债权人那里转移给自己，上述情形不可避免。债权人通过合同尽最大可能地保护自己，这些合同限定了钱款的用途（协议），并赋予债权人在贷款违约时享有对公司资产的处置权（抵押）。然而，当世界金融资产变得不值钱时，借款人提供给债权人的作为贷款担保的抵押将会变得毫无价值。向借款人施加的可以用债权人的钱做什么的限制——协议——能够为债权人提供的保护很少。[16] 例如，在严重侵害债权人利益的 50：50 的概率，与借款人声称的几乎会符合每个人利益的 99：1 的概率之间，谁能确定哪个更有效呢？

这正是股东要聘请管理者[17]所要做的事情。他们将会高薪聘请经理人进行投资，并促使债权人充分相信投资是稳操胜券的和低风险的。高管的报酬与投资业绩无关，上述场景不在他们的掌控之内——他们只要选择那些从股东角度看来确实是胜券在握的项目就能获得奖励。如果公司遗憾地遭遇了不好的结局，债权人将会一路哀嚎地扑向政府。政府的工作就是去指责高管们的无耻行为，使他们受到公开的羞辱，敦促股东更为积极地参与公司管理，并告诉他们要进一步调整好管理层与自身之间的利益关系。股东将及时做出回应，向高管支付更高的薪酬，以期在未来选择更大的高风险投资。

这是对此次金融危机的一种诠释。你可能会从以下事实中得到些慰藉：与债权人150万亿美元的权益相比，金融危机中的损失仅为2万亿美元，因此得出结论，以上的例子超越了理性的范畴。但是你不应该如此，因为正如前所述，这只是戏剧的第一幕，它的悲剧情境才刚刚开始呈现在我们面前——观众是茫然无助的世界民众。

债权人已经成为第一幕的受害者。弱势员工的30万亿美元资本将出现在第二幕。随后的场景中还将出现未来的几代人、环境、社区和动物物种，因为除了股东，甚至股东加债权人，世界上还有很多利益相关者。在幕间休息时，我们先喘息一下喝上一杯，吧台后面总是有人在为我们调制完美清凉的鸡尾酒，但只收取适当的费用，他们就是律师。

◉ 履行自己的受托责任

在向公司的董事们施加对股东的谨慎和忠实义务时，公司法承认企业存在固有的风险，并赋予行使职权的董事们相当大的自由裁量权。董事们必须小心，不违反就业、环境、贿赂和腐败等相关法律。但除此之外，除非有明确的疏忽、渎职或不称职的证据，否则法庭不愿意去质疑那些声称按照公司最佳利益行事的董事们所做出的判断。法官不是商人，因此他们认可由那些负责经营企业的人们所做出的商业判断。

忠实和谨慎义务可以扩展至其他利益相关者，事实上，在英国和美国之外的许多司法管辖区都是如此。[18] 在法国，董事的职责是基于该公司的一般企业利益（intérêt social，网络社会），这可能不同于公司股东的利益。董事对公司股东享有义务，但是并没有英美国家的董事们对股东肩负受托责任那么明确。

德国的公司法更加清晰地嵌入了利益多元化的理念。作为国家经济和社会结构的一部分，人们期望它们遵守公认的法律和道德规范，要求董事们不仅考虑除股东的利益，还要考虑其他群体的利益。这一点最明显地体现在德国公司的员工权利上，也延伸到更为普遍的其他群体的利益上。与英国和美国的情况有所不同，这些利益不能被排序，董事们在做商业决策时必须平衡多个目标。但有一个例外，如果董事们的商业决策会危及公司的财务生存能力，那么财务上的考虑就被放在优先位置。

瑞典的公司法介于美英和法德之间。它保留了股东回报作为公司的首要目标，但是允许董事们去考虑其他方的利益，并将行为规范纳入公司的组织章程之中。它让董事们理解公司的利益超越股东的利益，但并没有要求他们这样做。它允许公司适时考虑到其他方的利益，但既不像其他欧洲大陆国家那样做命令性的要求，也不像英美法系国家那样做限制性的禁令。

这些多元化的途径可能有助于缓和不同利益相关者之间的一些矛盾，但是并不能真正解决这些问题。员工、客户及供应商与股东一样都是自我驱动的。他们都希望看到公司为自己尽力，即便这会牺牲未受保护的其他方的利益。有作者曾经这样描述沃尔玛：

> 强迫员工加班，在管理职位晋升时歧视女性和少数族裔。沃尔玛的员工相比其他零售商店的员工通常得到的报酬更低，福利更少。由于沃尔玛拥有超过 140 万人的巨大劳动

力队伍，这些政策被指责压低了全美零售业的工资。另一方面，沃尔玛的哲学是压榨供应商，直接或间接地帮助客户每年节省 1 000 亿美元以上。[19]

在这种情况下，利益相关者中的一个群体——客户——的利益是以牺牲另一个群体——员工——的利益为代价的。

当然，我们可以给董事们强加责任，让他们顾及其他利益相关者，最突出的是员工以及客户，但这恰恰会让其他群体——当地社区及环境——得不到保护。当试图扩大由董事肩负受托责任的利益群体数量时，我们就增加了他们可以进一步行使自由裁量权的程度。法官们已经不愿意干预经营性决策，即便在为了公司股东的利益而被要求这样做时也是如此。将董事肩负的义务扩展至客户、员工和社区群体，让他们自由裁量如何平衡相互矛盾的利益诉求，这样的要求在法律上几乎是不可能实现的。

法律本身并不能解决这个问题。公司行为是以激励为条件的，经济学家反复告诉我们激励是所有问题的根本。激励方式正确，其余也会一通百通；激励方式错误，律师、政府或其他任何人要解决这个问题都会束手无策。在上一部分提到的剧情中，对股东和债权人的激励完全失衡了——股东的收益是以牺牲债权人为代价的——股东寻求绕过法律规定的办法来剥削他们的债权人。

这就忽略了一个事实，即管理者、股东和债权人之间存在持续反复的相互关系。一方鲁莽的行为将会破坏他们在另一方的声誉，并使得他们今后做生意的条款变得更苛刻。例如，如果公司剥削其债权人，将来从债权人那里借款时的成本，即利率就会变得更高。股东价值的支持者认为：正如声誉使得我们诚实守信，我们也应求助于公司的声誉来促进负责任的行为以及保护利益相关者的利益。但在得出这一结论之前，我们也许应该先聆听一下莎士比亚的教诲。

第 3 章
声誉

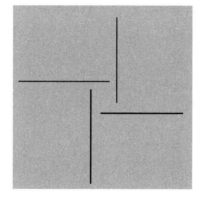

　　"声誉是一件无聊而骗人的东西；得到它的人未必有什么功德，失去它的人也未必有什么过失。"

——《奥赛罗》第 2 幕场景 2，莎士比亚

◉ 市场知晓

　　嘉士达万乐公司（Karstadt Ouelle）于 1999 年由两家受人尊敬的德国家族企业嘉士达（Karstadt Warenhaus AG）（一家百货公司）和万乐（Quelle Schickedanz AG）（一家邮购公司）合并而成，二者的历史可分别追溯至 19 世纪末期和 20 世纪早期。合并并不成功，公司合并后不久即开始亏损。它在 2000 年 12 月——在"9·11"事件前数月一个不太吉利的时刻——通过收购英国大型旅游公司托马斯·库克（Thomas Cook）扩大了旅游业务，后来与星巴克和索尼的错误联盟又进一步加剧了它的问题。2002 年，面对自第二次世界大战以来德国最严重的零售业衰退潮，嘉士达万乐公司的亏损不断增加，不得不关闭门店和进行裁员。[1]

　　首席执行官（CEO）不断轮换，但都没能改变公司的命运，直到 2005 年托马斯·米德霍夫（Thomas Middlehoff）被任命为 CEO 之后，它的命运才得到了扭转。米德霍夫曾将地区性的媒体巨头贝塔斯曼（Bertelsmann）转变为一家新型在线企业。上任后米德霍夫出售了嘉士达万乐公司的房地产资产，减少了债务，改善了现金流。2005—2007 年间，嘉士达万乐公司成为了德国股票市场的明星。它的股价上涨了 3 倍多，而同时期其他竞争对手的股价都难以翻番。但这只是短暂的复兴。公司扩大了旅游业务，并更名为阿坎多（Arcandor），不过它的百货商店和邮购生意仍很冷清。2008 年 8 月，阿坎多的一些信贷额度到期，公司被迫在深度金融危机之中（正值 2008 年 9 月 15 日雷曼兄弟破产之际）为其经营活动再次融资。2008 年年初，阿坎多的股价几乎回落到

2005 年的水平，2008 年年中再次腰斩，到了年底，股价已经在 2005 年时股价的 1/4 处徘徊，2009 年 6 月 9 日公司申请破产。

这种"从白手起家再到一无所有"的故事说明了市场会以戏剧性的方式奖励或惩罚快速发展的企业。市场是一个善变的主人，基于可获得的信息来评价公司的前景，当有新信息出现时，它会毫不迟疑地改变以往的评判。一个固有的、模糊的概念——声誉——就成了最有力的衡量指标之一。你的声誉或促成你的成功，或阻碍你做事情，或向你打开无限的机会之门。耗费数年建立的声誉可能会毁于一旦，社交媒体更是会加速强化它的影响。[2] 然而，除了说你的声誉很好、无可挑剔或者有污点、子虚乌有，它极难衡量。

相比之下，就公司而言，股市向股东提供了一个快速评估公司声誉的指南。尽管声誉绝不是决定公司股价的唯一因素，但声誉好的公司相比声誉差的公司往往能够获得溢价。与声誉欠佳的公司相比，声誉较好的公司可以向客户更高地收费或者向员工和供应商支付得更少，声誉的变化体现在公司股票价值的变动上。因此，担心声誉受损可能会是对前面章节所讨论的肆意行为的一个强烈抑制。反社会行为，腐败，对利益相关者、人权以及环境的践踏损害了公司的声誉，并在市场价值上得到反映。由于公司关心其股东的利益，因此价值损失这一威胁将从一开始就打消他们从事这些活动的念头。声誉受损以及其与股价之间的关系是对公司不良行为的重要制裁。这一声誉理论听起来很有道理，但遗憾的是，它存在一个严重的缺陷。

◉ 公司受罚

当把钱交给他人替你管理时，你面临多方面的风险。他们可能建议不当、投资不善、盗取钱财、赔掉些钱、审慎不足或者收费过高。那些出售给你金融服务的人尤为可能会给你带来风险，理由很简单：从使他人致富中获得满足并非人类的自然本性，而使自己变得富有才是人类的天然本能。因此，那些你委托管理财富的人的利益与你自身的利益截然相反，能制止他们掏空你口袋的因素仅是其惧怕这样做的后果。[3]

这种惧怕来自被抓住的可能性。历史上，美国一直严厉制裁不端行为，而英国则软弱无力。苏格兰哈里法克斯银行（HBOS）主席史蒂文森勋爵（Lord Stevenson）在 2008 年 6 月的年度股东大会上说："有充足的理由相信英国在处理白领犯罪方面做得非常糟糕。就在两周前我在纽约时，那里有两人被判内幕交易罪。然而，我们似乎不做同样的事情。"[4] 毫无疑问，之前由英国金融服务管理局（FSA）施加的罚款数额与美国证券交易委员会（SEC）的罚款数额相比显得苍白无力——前者的每笔罚单平均约为后者的 1/10。[5]

但这些罚款都有一个显著的特征。尽管与美国的相应机构比较，英国的罚款可能是偏少的，但仍然能对违规企业带来较大的震慑，因为会使公司声誉受损。当金融服务管理局披露一家公司存在某种不端行为时，它损失的市值几乎是金融服务管理局所征收罚款数额的十倍。所以，间接的声誉损失是公司必须支付的直接经济处罚和赔偿的十倍。

这听起来似乎不错。市场造成了远超过金融服务管理局罚款数额的股票价值损失，从而加强了作为监管者的金融服务管理局的工作。公司被金融服务管理局惩罚之后，它在客户和投资者那里的声誉受损，市场制裁了那些滥用客户和投资者信任的公司。公司损失了一些客户，不能再向客户收取高价，无法筹集到像以前一样成本较低的资金，所有这些都会对其市值造成不利的影响。

这是声誉和市场约束的光明一面。阴暗的一面则是，这仅对特定类型的不端行为——特别是公司被发现有违背客户或投资者利益的行为——起作用。合乎情理地，客户和投资者对公司失去信任，不愿意按此前的优惠条款与之进行交易，从而对企业及其所有者造成损害。

然而，当公司损害了其他利益群体时，市场就不具备这种效力了，例如，通过洗钱行为伤害了其他公司的客户及投资者或者广大公众时。甚至有证据表明，这类公司的股价实际上会上涨。[6] 这是为什么？原因很简单，因为公司没有伤害到自身的客户和投资者——事实上，他们可能还从公司错误对待对其他方的行径中获得好处。所以，正如你所期望的，股票市场是一个非常自私的警察，仅惩罚那些行为方式会给自身造成损失的公司。而当一个公司损害了其他人或其他公司时，股票市场非但不予以惩罚，甚至还会因为它提高了利润而进行嘉奖。

1982 年 9 月 29 日早晨，12 岁大的玛丽·凯勒曼（Mary Kellerman）因服用一粒超强效的泰诺胶囊而死亡。紧接着在芝加哥地区又有 6 名服用者死于同样的药物，胶囊含有少量氰化物。在最初发布了警告之后，制造商——强生公司——决定将产品彻底召回，因此遭受了近 30％ 的股价下跌。[7]

这是一个巨大的股价反应，但不止强生公司一家遭受过因产品召回而导致的股价下跌。更一般的情况是，如果一家公司被发现生产了不合规格的产品，或者在涉及其产品的事故中负有责任，那么当这些过失被披露时，它就会遭受股价损失。在这些情况下，公司自己的客户或者相关群体都由于公司的行为和过失受到了损害。

环境灾难的情况则有所不同。此时的受害者是第三方——社区、野生生物和大气，而不是公司自己的客户和投资者。结果是，在公司被发现违反了环境法的情况下，其股价损失不会超过有关监管当局施加的直接惩罚，对声誉也没有更多的影响。[8] 与产品召回以及其他危害公司自身客户的过失行为形成鲜明对比的是，公司不会因破坏环境损害了外部群体的利益而被市场制裁。

对 2012 年 6 月伦敦银行同业拆借利率贷款利率虚报的揭露说明了问题的本质。2012 年 6 月 27 日英国夏季时间 13：30，英国和美国的监管当局宣布了它们与巴克莱银行——第一家被制裁的银行——的和解方案。3 小时之后，当伦敦证券交易所交易结束时，巴克莱银行的股价上涨了！不过在第 2 天，巴克莱银行的股价开始急剧下跌。6 月 27 日的解决方案本来可以被看做对巴克莱银行的合理处置，却在 6 月 28 日变成了一场在政客和媒体的可恶干预下的公关灾难。对巴克莱银行高层进行刑事调查和问责的呼声让位于将银行解体以及商业银行与投资银行分离的呼吁。突然间，对巴克莱银行来说，看似一个相当有利的结局却变成了对其业务的一大威胁。这与我们在其他地方所观察到的情形相一致。2010 年墨西哥湾灾难后，英国石油公司的股价逐步向下调整，这不仅是对后续法律诉讼忧虑的反应，而且是对破坏性的政治干涉——本案中为美国政府——的反应。如果没有这些公共干预，与公司行为的私人成本相比，股市会明显藐视其社会成本。

这其中的含意是令人震惊的。在某种特殊的意义上，市场促进了良好的行为。它鼓励与其所重视的东西相关的优良行为，例如，市场重视利润，因此会突然对有关公司盈利能力的负面信息作出反应。任何可能对其他方造成严重影响，但不会影响公司自身利润的问题则都显得无关紧要。它可能的确与股东不相关，但对于因而受到影响的社区、员工和动物来说，它远非不相干。市场在非常有效和思路清晰地做自己的事情，唯一的问题是我们是否认同它的价值观。为解决这一问题，需要考虑一下我们许多最聪明的年轻人所渴望从事的金融服务活动。

◉ 你也可以成为一位明星基金经理

想成为一位明星基金经理吗？这里有一个简单的办法。[9]建立一个目标收益率超过4％基准收益率的5年期基金，每年年底投资者可以退出。作为基金经理，你的基准酬金为所管理基金的2％，激励酬金为超额收益的20％。

你要做的就是：开始筹集1亿美元的资金。感觉不能完全胜任吗？一点也不用担心。你只要发布一个令人垂涎的招股说明书，给投资者许诺高于其他地方的良好回报，他们如不蜂拥抢购那就是傻瓜了。

现在来看一下对小概率事件下注的衍生品[10]的例子，例如在未来一年50％以上的日子里，伦敦正午时分都是艳阳高照。假定有1/10的可能性，购买一份期权的成本是1美元——金融合同规定如果这一稀有事件发生了，就支付10美元，反之则不用支付。现在针对此事件出售1100万份期权，你将收到1100万美元，如果下注的事件发生了，你需要支付1.1亿美元，如未发生则不用支付。拿着你从投资者那里筹集来的1亿美元，以及销售期权得到的1100万美元，并将1.1亿美元变成"安全的"基准收益率为4％的政府国债，而将剩余的100万美元用于支付运营这个复杂的资产管理公司所需的人员和电脑成本。

所以你为投资者赚取的总金额是440万美元的利息加上期权销售所获得的1100万美元，即1540万美元——15.4％的收益率将超过所参照4％的基准收益率11.4个百分点。你真是一个天才，为了奖励你的卓越业绩，投资者将基于你所管理的资金数额向你支付200万美元的基准酬金，以及高于400万美元基准收益的1140万美元超额收益部分的20％，即228万美元的激励酬金，总酬金超过400万美元。至少你有90％的概率可以赚到这笔钱，前提是自然界没有出现反常的现象使得伦敦正午时分在一年中的大部分日子里都是艳阳高照。

接下来的一年你做同样的事情，赚取同样数量的钱，假如你一直干了5年，直到有足够的钱在乡下买个庄园，并作为一名受人尊敬和富有的英国企业员工而退休。几年之后，全球变暖加速，反常的年份出现了，一年中大部分日子都是晴天。但这对你来说是再好不过的了，因为你可以安稳地坐在美丽的花园里享受阳光，获悉那家你曾以"特别优惠的价格"出售给朋友的基金管理公司所发生的动荡。

这甚至与更为简单的"如何在轮盘赌中一直赢钱"是一类问题——当我发现自己在赌场中处于不利局面时，总是会采用一种技巧，即给自己找一个尽快退场的借口。走进赌场，先押 1 美元在红方，等待轮盘旋转。如果它正巧落在一个红色的数字上，走出赌场时有 2 美元，赚得了 1 美元。如果它落在一个黑色的数字上，再押 2 美元在红方。如果球落在红色的数字上，你就可以得到 4 美元。你共花费了 3 美元，走的时候仍赚得了 1 美元。如果球再一次落在黑色数字上，那么再押 4 美元在红方，继续下去，将赌注翻番直到球落到了红方。因此，你收手时总能赚取 1 美元利润。诚然，采用这种策略将花费你一些时间才能买得起庄园，但是毫无疑问，你将变得更为大胆，并尝试更大的风险以获得更高的收益，直至创建了一支基金让他人分享你惊人的博彩才能所带来的成果。

所有这些技巧都运用了如下投资或博彩策略：大概率的小收益掩盖了巨额亏损的小概率。在基金经理的例子中，存在你被迫为所出售的期权买单的可能性。在赌场的例子中，存在球落在空白区域，或由于出现一连串的反常情况，球长时间持续落在黑色区域导致你在获得 1 美元利润之前就把钱用完的小概率事件。

这些例子说明的是，很容易设计出在较长时间内赚取超额收益率的策略，除非有反常事件发生造成了异常的损失。[11]它们与连锁信（chain letters）很像，允许那些金字塔底部的人赚取利润，而只给金字塔顶部的人留下一片狼藉。两者主要的区别在于很容易辨别出大部分连锁信，却很难设计出这样的激励措施，能够让人们区分开真正有才华的基金经理和那些"赝品"基金经理，或至少在不阻碍那些真正聪明人的条件下将其与冒充内行的人区别开。[12]

也许设计这样的方案并在时间的迷雾和长尾分布中掩盖其缺点非常容易，它带来的最严重后果是激励人们热衷于设计这样的方案。一个人可以很快地说服自己他是在做社会公益，帮助别人赚钱，纠正股票市场和衍生品市场上的证券价格扭曲，以及将投资转到那些最具生产力的地方。而事实上，他所做的只是欺诈。这不一定是法律意义上窃取性甚至误导性的欺诈行为，从某种意义上说，而是一种从后代人向当代人转移财富的欺诈行为。无论是哪一种情况，当前一代的投资者、储蓄者、投机商以及基金经理的受益都以牺牲未来的世代为代价，如果有越多的损失向后递延，就会有越多的子孙后代受到影响。根据之前的讨论，那些面临当前投资者所带来风险的利益相关者正是下一代的投资者。

本质上，金融市场存在大量的庞氏骗局[13]要素，而通过金融创新和新型金融工具的引入，这些庞氏骗局变得越来越复杂和巧妙。由于新型金融工具技术复杂，它们可以吸引最优秀的人才从事这些对智力要求更高、比传统职业更有利可图的活动。在金融创新的背后，我们正在让我们的科学家把精力放在新方案的设计上，以伪装那些堆放在我们精心积累的金融财富下面的炸药。

⊙ 当金融工程师遇见机械工程师

对这些庞氏骗局显而易见的解决方案是延期付款，只有当人们的真实业绩被披露后才予以奖励。所以并非本年度向你支付2％基准酬金＋20％激励酬金的基金管理报酬，而是让我们等待、观察并保留比如10年的时间。倘若这一方案在10年期限到期前不垮掉的可能性从90％降到了1/3，对你来说就不那么具有吸引力了。

唉，如果那么容易，那么我们一生将会得到慷慨的养老金和不错的收入。唯一的问题是，它远远不能解决短期行为，反而还会制造这种短期倾向。[14]为了解释这一点，我们把上面的例子稍微调整一下，假设你并非一位从事金融工程的基金经理，而是一位非常勤奋的机械工程师，运营一家由股东投资了 1 亿美元的公司。对于股东资本，这家公司创造了非常稳定并可预期的 6％ 年收益率——少于你作为金融工程师赚取的 15.4％ 收益率，但较4％ 基准收益率仍高出可观的 2％。你获得了所赚取超额收益的10％ 作为利润分成——20 万美元的收入——不如你作为一名基金经理赚的那样多，但这也是一个不错的收入，并可预期在未来 10年你将一直赚到这么多直至退休。

遗憾的是，你的一位大学同学选择将其工程技能用于金融工程而非机械工程上，并为一家对冲基金工作。对冲基金经理盯上了公司的这 1 亿美元，并说他们知道能用它来做什么——他们将买入该企业，出售资产，投资 1 亿美元的国债，并销售 1 100 万美元的低风险期权，从而产生 15.4％ 的总收益。股东无法抗拒这项提案，或者你同学对股东解释说，他们之所以能赚的比你多，是因为你是个缺乏想象力的懒鬼，只不过是想混到退休罢了。所以，股东将股份卖给了对冲基金，听到对冲基金已即刻炒了你鱿鱼时而倍感安慰。还有几年你就要退休了，当然你也没有希望得到另一份工作，你的收入戛然而止，越多的收入被递延到未来，你由此将蒙受的损失就会越大。

你可能会说这很可惜，但这不是一个悲剧。因为你已经看到同样的事情发生在你所有那些傻到成为真正的工程师而非金融工程师的同学身上。他们所有的业务已经被"金融工程化"了，而且大部分都是多余的。如果看到这些即将发生，你会从一开始就成立公司吗？你相信你的股东会支持你反对对冲基金经理吗？你会像你聪明的朋友一样选择成为一名对冲基金经理吗？

因此，受到这类活动影响的利益相关者不只是未来的投资者，还有所有那些目前从事的活动较少有机会剥削后代的群体。

换言之，市场过程将一个经济体中的资源扭曲配置给了那些最有机会去从事之前所述的代际转移活动的群体。更普遍的是，如果一些商业活动能够对其他利益相关者造成损害——无论是未来同一类的投资者，还是其他类别的当前群体，如债权人、员工或客户——那么经济体中的太多资源将被错配给这些活动。[15]

所以，声誉不仅无法维护某些利益相关者的利益，如未来的几代人；而且在此过程中，它们还进一步将资源错配给不利于这些利益相关者的活动。声誉无法提供正确的市场激励并保护我们作为机械工程行业员工或对冲基金行业投资者的利益。面对这一问题，我们需要从别处寻求帮助。我们需要有人去控制对冲基金对我们钱财的浪费和对我们工作的破坏。我们需要有人去限制股东对利益相关者的一贯伤害。我们需要一位开明和仁慈的人将我们而非他们自身的利益放在心上。我们需要一位监管者。

第4章

监管

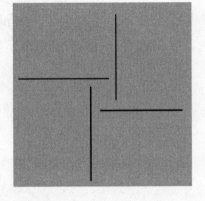

"不要把信任托付给金钱，而要把金钱托付给值得信任的人。"

奥利弗·温德尔·霍姆斯（Oliver Wendell Holmes）

◉ 监管的不道德情况

在最近一次关于人们最信赖的专业人士的调查中，商人、政客和银行家垫底，而牧师、医生、教师与大学教授名列前茅。我们可以没有权力、金钱或者威望，但至少要让人们信任我们不会去做不该做的事、赚不该赚的钱，并不会为此而居功。

信任显然是严重缺乏的。商人可能已经无药可救，政客的可信任度也降至最低点，银行家紧随其后，甚至监管机构也已经失去了大家的尊重。为应对过去的监管失败，最近关于金融机构治理的建议如雪片般袭来。在美国，《多德-弗兰克法案》关注的主要就是银行的公司治理问题。在英国，《沃克报告》、财务报告理事会（FRC）以及金融服务管理局都在考虑改善金融机构公司治理的方式。[1]在欧洲，欧盟委员会出版了关于金融机构与近期出现的非金融企业公司治理问题的绿皮书。[2]

所有这些报告的背后都有一个理念：金融机构的倒闭至少部分归咎于糟糕的公司治理。无法量化、监控和管理风险的问题在危机之前的金融领域就已经普遍存在。所需的应对措施是提高能力、加强培训和参与管理。关于金融机构董事的任命、培训、入职、承诺以及独立性方面的规定有待加强。首席风险官手中应握有更大的权力，审计师和风险委员会应进行更多的监督。应该更好地协调对管理层的激励与利益相关者的利益，股东与管理层之间应该有更好的沟通，股东更多地参与，并由投资机构进行更好的管理。

为什么会给出这样的应对措施？首先要说明的一点是这种做

法并不少见。纵观历史，对金融危机的反应都是寻求更大程度的监管。正如伊索所说的："绝不要相信一个陷入麻烦的人给出的建议。"南海泡沫事件就是一个例子。它在 1720 年毁灭了南海贸易公司（South Sea Treading），一家自我标榜"为从事一项具有巨大优势的业务而成立，却无人知道是什么业务的公司"，以及帕克尔机器公司（Puckle's Machine），一家因生产圆形和方形的加农炮弹和子弹而全面革新了战争的公司。[3]南海泡沫事件的应对措施是颁布了《泡沫法案》，禁止组建皇家宪章授权之外的股份制公司，使得英国公司制度的形成（注册成立）推后了 100 年。金融史中充斥着政府为应对金融失败草率行事而后悔莫及的例子。正像我们如今所观察到的，政府在面对失败时所施加的政治压力是压倒性的，犹如白天黑夜的交替一样，我们将明显看到监管范围的扩大和力度的加强，而这将会破坏未来数年的金融市场运作。

通过加强监管来应对金融危机有什么不对吗？有如下几个方面的问题：其一，马已脱缰。那些有幸在撞车之前逃脱的人都已发了财；而那些未能逃脱的人则遭受了损失。正如一位银行家所言："这次的金融危机比那些可怕的数百万美元的协议离婚还要糟糕——你不仅失去了一半的财富，而且还未离成婚。"其二，监管是顺周期性的。21 世纪初的几年中，稳步放松的管制鼓励了投资的增加和资产价格的上扬，从而加剧了泡沫，所以，现今的监管收紧会提高资金成本，抑制投资，并加剧经济下滑。

监管还有一个更根本性的问题，即我们把监管与促进道德行为联系在一起。它本为防止生产者伤害客户：限制企业收取很高的价格；鼓励其提供优质的服务。但事实恰好相反——监管促进了不道德的行为。在英国城区，没有人会以每小时 30 英里＊的速度来驾驶。每个人开车的速度都不会低于每小时 33 英里或任何可能被抓住的允许误差范围的车速限制。因列车晚点而惩罚列车公

＊ 1 英里约等于 1.61 千米。——译者注

司鼓励了人们去权衡惩罚与确保守时的成本。禁止在产品中加入某些有害成分促进了更便宜的可替代物质的使用。

因此，监管导致了操纵行为，它远非加强了包括他人福利的道德行为，而是将我们的注意力集中于监管本身，以及如何可以规避或减少监管所带来的影响。[4]我们紧盯着仪表盘，而不是关心行人或骑自行车者的利益；火车公司关心的是正点，而并非延误对客户的影响；食品生产者做广告宣传不含那些被强制披露的有害成分对健康的好处，而忽视了其他成分的有害影响。

通过监管来促进道德行为的做法是徒劳的，在被监管公司中引起的反应说明了这一点。公司设立监管部门来帮助其确保符合监管规则和标准。事实上，它们是规避部门而非合规部门。它们在试图规避监管上花费的时间与在遵守监管上一样多。例如，水、电以及天然气等公用事业公司设立监管部门，就它们可以向客户征收的费用和减少监管对公司盈利能力的影响等问题与监管机构进行谈判。这就像是在徒劳地封堵一个漏了的容器，只是其他地方的泄漏并非自行出现，而是由高薪的合规官员故意刺破的。

所以以下现象毫不奇怪：银行家即使业务失败了也慷慨地奖励自己，银行将自己带到了金融崩溃的边缘，监管机构疏忽大意或串通一气，信用评级机构在识别可能出现的公司失败方面存在缺陷，会计师在向企业提供审计咨询服务时进行妥协，基金经理除非可以获得大笔的酬金否则不会为客户的投资组合赚取收益。同样不足为奇的是，英国议会成员把家中翻修一新、清理房子的堑壕、收取抵押贷款费用并进行慈善捐款这些行为都是以牺牲纳税人的利益为代价的。我们被鼓励通过一个混淆规则和标准、合规与同情、顺从与正直的体系来做到这一点。我们没有比前人更加不道德，但是我们对不道德行为的回应促使我们变成了这样，我们越是试图以这种监管的方式来封堵有漏洞的容器，就会变得越加不道德。

◉ 连带损失

通过改进董事的任命、培训、入职、承诺和独立性规则给予风险官、审计师和风险委员会更大的权力，提高管理层激励与利益相关者利益的一致性，加强股东和管理层之间的沟通，通过投资机构加强股东在管理中的参与，所有这些听上去都很美好。但为什么不是好事呢？

为了回答这个问题，首先值得注意的是，在最近的金融危机中，承担了最大风险、业绩最差的金融机构正符合上述衡量标准，拥有最佳的公司治理结构。改善其公司治理结构却导致它们在金融危机中出现更差的业绩表现。为什么会有这种反常的结果呢？

对此，我们需要回到前面章节讨论过的股东和利益相关者之间的关系。正如之前所述，一个经济体中特别重要的利益相关者群体是银行等金融机构的债权人，即像你我这样将钱存入银行的人。我们或把钱存入活期或定期存款账户，或投资于债券，并获得较少的利息。我们假定钱放在银行是安全的，只是偶尔，例如在这次金融危机期间，被提醒这远非绝对安全。

为保证财富安全，我们希望借我们钱的银行保守、谨慎，并小心翼翼地进行投资。如果投资出现了问题，我们的钱就危如累卵。如果进展得顺利，我们也不会赚到更多的利息。成功的好处归于股东，而非借钱给银行的人。因此，在股东的利益与银行的存款人及债券持有人的利益之间存在直接的矛盾。股东喜欢银行冒风险，因为他们享受成功的果实；存款人和债券持有人希望银行小心谨慎，以避免他们的钱款损失。所以如果加强公司治理并提高股东在银行经营中的权威，那么银行将承担更大的风险以迎合它们更为强大的股东。这正是在金融危机爆发前夕发生的事情。[5]

公司股东和债权人之间的这一冲突困扰着所有企业。然而在银行业中，这类问题尤其严重，因为银行有如此多存款和债券形式的负债。结果，股东有特别强烈的动机鼓励董事们拿这些钱去投机——如果投机成功，他们将从中获利；如果失败，债权人则蒙受损失——正面我赢，反面你输。

鉴于这种情况，为什么监管机构要倡导公司治理规则，加强股东的权利呢？答案是，有大量观点认为，企业最失败的地方是其治理问题——公司的董事和经理未能按照股东的利益行事。由于在股票市场上市的大型现代公司中没有哪位股东大比例地持有公司的股份，因此他们很少或者根本没有动力去过多地监督公司的业绩。换言之，公司的经营没有得到恰当的治理。

所以，在公司治理方面，为解决这个所谓的"代理"问题做过许多努力和尝试，以使公司董事的利益与股东的利益相一致，例如改进他们的任命、培训、入职、承诺和独立性规则，赋予风险官、审计师和风险委员会更大的权力，以及强化董事激励与公司业绩之间的关系。欧盟委员会和美国《多德-弗兰克法案》以及《萨班斯-奥克斯利法案》都是通过加强监管简单地回应了这一传统智慧。困难在于在解决一个问题——股东和管理者之间的关系——的过程中，监管者正在制造另一个问题——股东和债权人之间的关系，而后者可能是银行等机构所面临的更为严重的问题。

这就是为什么企图加强监管的解决方案往往都是错误的。看似传统的公认的智慧根本就是错误的或不完善的，当采取措施解决一个问题时，却有很多意想不到的后果在其他地方涌现出来，需要进一步的监管来纠正这些问题。更为严重的是，银行的经历显示出公司股东模型的普遍性和破坏性缺陷。它表明股东有可能为了自身的利益去榨取经济租金，从而损害其他利益相关者。在银行的例子中，债权人基本上是股东增进自身利益行为的受害者。事实上，由于存款人通过公众存款保险计划得到了保护，大型银行被认为具有重要的战略意义而不允许倒闭，因此最终并非由债权人而是由国家政府和纳税人承担了银行倒闭的成本。此外，政府需要干预的规模非常之大，除了不胜枚举的私人金融机构，甚至已经威胁到整个国家的偿债能力，最著名的例子便是冰岛和爱尔兰。

这是一个一般性的问题。债权人和纳税人都是与银行共担风险的利益相关者。面对全球经济衰退，员工是弱势群体。公司以牺牲环境为代价去追逐股东利益，而世界民众则是受其行为影响的利益相关者。在环境破坏可以补救的情况下，纳税人将为之买单，因为公司承担这一成本的能力非常有限。正如银行的情况一样，许多工业和能源领域的相关公司都被认为在战略上极其重要而不允许倒闭。

再考虑一下这种具有极小可能性的例子。手机是引发大脑紊乱的原因，对儿童和年轻人的影响尤其严重，以至于在 20 年内将形成一个重大的国际性健康危机。将由谁来承担医疗保健的费用？这一大规模问题将远远超出移动电话行业的处理能力，并将再次落在大众身上。

纳米技术是最令人兴奋的新进展之一。纳米材料已经改进了工业设计及众多产品的市场销路。例如，防晒霜中加入了二氧化钛纳米材料来阻挡紫外线，涂抹后皮肤更为光滑。纳米技术应用于生物成像、诊断、施药以及治疗等多个方面。碳纳米管硬度极高，已应用于原子显微镜、曲棍球棒以及风力涡轮机中。然而，有关使用或制造这些产品的长期影响还知之甚少。那些赋予它们如此非凡的物理特性的因素也可能会对人类有异常的毒害。碳纳米管的针状特征可能类似于石棉纤维，因此人们担心其潜在的致癌作用。现在没人知道潜在的风险有多严重或者究竟是否存在，这就产生了一个新的研究领域纳米毒理学。但是有一点我们可以确定，如果问题变得非常严重，当不良影响被揭露时，很少会有销售这些产品的公司站出来或具备赔偿客户的财力。

在每一种情况下，商业开发成功的收益都归属于股东，而损失却由其他方来承担，特别是最终将由广大民众和纳税人承担。使问题变得更为复杂的是只能局限性地恢复由人身伤害而导致的持续性纯粹经济损失。例如，如果一名企业的创始人由于使用移动电话或纳米技术产品导致了健康问题，从而被迫停止工作，那么，即使因果关系得以建立，企业的其他所有者也无法因他们的间接收入损失而向移动电话或纳米技术产品的生产者索赔。其局限性在于超出人身或财产损害的纯粹经济损失将使企业开启索赔的闸门，从而无法保护自己或采取预防措施。[6] 例如，法官本杰明·N. 卡多佐（Benjamin N. Cardozo）将其描述为一种"不定数量、不定时间、面对不定群体的责任"。[7] 根据相邻原则，有关当事人之间的关系必须足够接近，对于原告所遭受的合理、可预期的潜在伤害，将由被告承担原告所蒙受的损失。[8] 另外两个涉及审计师过失的案件表明：相邻不可能从当前投资者延伸至未来投资者，或者从股东延伸至债权人，任何一方都不能从审计师处追偿损失。[9] 尽管经济学家和政府可能希望看到公司行为对赔偿所有间接损害的全面效果，但是法官感到对与最初的过失仅有很间接关系的损失进行追偿很难实现。

既然如此，公司追求高风险的策略是完全合理的，因为与银行的情况相同，股东不承担失败的全部成本。此外，同样合理的是，公司预测未来的潜在问题，将收益尽可能多地分配给现有股东，从而尽可能少地留给企业去支付其对所造成破坏的受害者的赔偿。为解决股东和管理者之间的代理问题，加强了对公司治理和双方之间关系的监管，但这可能会加剧与其他利益相关者之间的冲突。

◉ 第 1 部分总结：　公司为何使人失望

公司这种非凡的机构在两个层面上让人失望。首先最显而易见的是，虽然它通过产品、服务、技术进步的方式带来了非凡的好处，给我们的生活、家庭和家人带来了富足，但同时是环境、商业和社会方面巨大灾难的源头。好坏两面的规模在未来都将增加，在另外一个更重要的层面上公司的行为则让我们失望。

公司的驱动力是创造股东价值。它是公司的目的、道德律令和董事们的基本义务。但是，在追逐股东价值的过程中，公司使得其他投入了大量赌注的利益群体面临风险。在某些情况下，利益相关者寻求通过合同来保护自己，但是效果有限；而在很多情况下，利益相关者甚至享受不到这种程度的保护。

我们可能会认为曝光不法行为对企业所造成的时间和声誉损失会鼓励企业去适当考虑利益相关者的利益。遗憾的是，实际情况并非如此，声誉只是强化了股东利益的重要性，公司仅寻求去避免那些威胁到股东价值的活动，并愿意去追逐那些有利于股东价值的活动。事实上，未来的几代人，包括未来的投资者，仅仅是可以被当前投资者利用的其他利益相关者。公司这样做的成本不只是以牺牲直接被影响的相关方为代价，而且将一个经济体中的资源扭曲地配置给那些将未来收益转移到现在的活动。

既然不能依靠激励和声誉来协调公司与更广泛社会群体之间的利益，我们则转向第三方，即政府和监管机构，来为我们做这件事情。但是，这一切又将推动另一个有利可图的产业的发展，即监管规避以及建立一个将监管对追逐私利的影响最小化的机制。事实上，监管会造成它力图避免的问题，通过向常见的、不恰当的方向上引导公司而产生意想不到的副作用，如系统性失败风险的增加以及纳税人的负担越来越大。

因此，失败最重要的根源在于我们已经创建了一个股东价值驱动型的企业体系，监管本应纠正其不利的影响但却未能做到。反过来，我们寻求更大程度的监管，并认为这是解决问题的唯一手段。我们也因此陷入一个循环，追求越来越狭窄的股东利益，配以不断深入的无力监管。这是不可持续的，我们需要摆脱它。但是，在思考怎样才能做到之前，我首先需要解释一下这种现象为什么会发生，特别是为什么会现在发生。

第2部分

为什么会发生

第5章　企业的演化

本章包括：公司治理所有权分散的后果；通过三个例子——股票市场的作用、并购对公司发展的作用及所有权的分散——说明上述现象为什么会发生；欧洲大陆公司所有权演变及大量家族所有权的持续存在；匿名股东在美国及英国的出现。

第6章　收购和关闭

本章包括：为什么会出现公司控制权市场；有谁从中受益及其对股东价值的贡献；公司控制权市场与公司战略变化而非惩戒管理不善的关联；股东积极主义为什么是纠正不良管理一个更直接的手段；恶意收购及控股股东盛行的阻碍；公司形式多样性的原因及优势；恶意收购对管理层承诺的负面影响；为什么一些公司和国家不鼓励恶意收购。

第7章　资本与承诺

本章包括：承诺对鼓励股东参与的重要性；资本与承诺的相关性；为什么地方银行业对公司承诺的规定起着重要作用，以及为什么系统性的忧虑破坏了英国的地方银行业；关系型银行与风险投资的相似之处；需要平衡承诺与控制；为什么股东控制会破坏公司向利益相关者的承诺；英国和美国公司体系之间以及它们与其他国家之间承诺程度的差异。

第 5 章

企业的演化

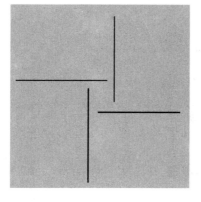

我与情人和妻子手牵着手

炫耀着高贵的生活

在父亲发展起来的家族企业

我甚至拥有少许的份额

当然我没有丝毫的概念

到底该对这只野兽做些什么

我也没有任何理由要去关心

因为我在这里说一不二

董事会就像我的一个玩偶

招之即来，挥之即走

◉ 不再是有产者

"此书可被誉为影响美国治国之道的最重要的著作……将标志着对其国家和文明进行深度思考的急剧转折点。"[1]能获得《纽约先驱论坛报》如此评论的著作寥寥无几，学术研究专著能够收到这样评论的更是少之又少。但是这样一本注定要建立学术新领域的著作直到1932年才得以出版。一篇评论曾这样写道："该书或将与亚当·斯密的《国富论》并驾齐驱，它首次用非常清晰的术语详细地描述了一个新经济时代的存在。"[2]

这些非凡的赞誉都是给予一本名为《现代公司和私有产权》的著作的，其作者是阿道夫·伯利（Adolf Berle）和加德纳·米恩斯（Gardiner Means）。这本书不仅开创了一个新的领域，而且创造了一种新的研究方法——由律师伯利和经济学家米恩斯之间进行的一种早期形式的跨学科研究。这本书的影响力部分源于它出现在20世纪30年代经济大萧条的低谷，许多人愿意接受书中详细展开的针对公司的批评。

说起来，因为一位早期的读者对这本书难以接受，它几乎没能见到天日。本书最初由法人信托公司（Corporation Trust）所持有的一家毫不起眼的芝加哥出版社出版，通用汽车的一位管理者读到了这本书，感觉受到了冒犯，逐向法人信托公司表达了他的愤怒。由于担心失去通用汽车这一客户，公司命令将这部书撤回。所幸的是，原出版社将书的印刷版提供给了麦克米伦出版社，后者接管了该书的出版工作并比原出版社更加积极地进行推广。"具有讽刺意味的是，通用汽车也参与了这本伯利和米恩斯的著作的发布。恰逢彼时，公司评论家拉尔夫·纳德（Rolph Nader）对通用汽车的责难使得他在全国名声大噪。像纳德一样，伯利和米恩斯也给通用汽车刻上了'底特律制造'的印记。"[3]

伯利和米恩斯的著作之所以造成轰动，是因为它观察到兴起于美国大萧条时期的现代公司根本不是人们所认为的那样。传统的观点认为企业就是当地由所有者直接经营的小规模零售企业那样的，而伯利和米恩斯在书中记录的20世纪30年代美国公司的状态几乎与这没什么相同之处：

> 19世纪典型的商业单元是由个人或小团体所有的；由他们或他们委任的人进行管理；而且，总的说来，其规模受到个人所控制私人财富数额的限制。这些单元已经被更大规模的集群取代了，其中数万甚至数十万的工人，以及属于数万甚至数十万人的价值数百万美元的财产，在统一的控制和管理之下，通过公司这一机制组合成为一个统一的生产组织。[4]

这意味着亚当·斯密在古典经济学中对企业的描述与美国当时的实际状态是基本脱节的：

> 当亚当·斯密谈论"企业"时，他心目中的典型单元是小型个体企业。所有者，也许在一些学徒或工人的帮助下，辛苦地为市场生产产品或进行商业活动。他断然否定作为一种经营机制的股份制公司，认为分散的所有权无法实现有效的经营……然而，当谈到今天的商业企业时，我们必须想到这些单元并不符合亚当·斯密所制定的关于经济活动的行为

规则。[5]

书中的分析服务于两个目的。一是证明财富和权力不断集中在美国最大的前 200 家公司中，截至 1930 年，它们拥有全美大约一半的公司财富。[6]二是证明这些企业的股份被越来越多的中小个人投资者所有。大众资本主义已经抵达美国，呈现出由大批美国民众所有的大规模生产方式。

乍一看，这像是一件好事。普通民众可能无法控制美国企业，但是至少可以参与其中，并通过在新兴的大型企业中小额持股而获得回报。伯利和米恩斯却并没有迷恋这样的发展方式，甚至感到非常忧虑。他们发现，随着时间的推移，大公司的所有权分散到越来越多的投资者手中，每一位投资者所持的公司股份都在稳步减少，以至于没有哪位投资者持有足够多的公司股份，从而会对监督公司的业绩或者行使公司经营控制权很感兴趣，结果就出现了现代版的无头怪兽——公司的董事和管理者不对任何人负责。[7]

伯利和米恩斯得出两个结论：首先，公司的董事对不属于他们的财产没有控制权；其次，股权根本不是真正的财产，因为所有者不能控制他们的财产。这种我们熟知的"所有权和控制权的分离"产生了严重的经济低效率。它意味着大部分美国企业的财富是由那些对其所有者的福利不太关心的人控制的。

伯利和米恩斯就此问题提出的解决方案是：股东重新重视他们的财产并在监督和管理方面发挥积极作用。他们二人因此是现在广为提倡的股东积极主义或股东参与公司治理——积极监督公司的投资并参与公司的管理——的早期支持者。[8]在大约 80 年后的今天，这也是回荡在伦敦和华盛顿权力走廊的议题，因为政府看到了伯利和米恩斯所观察到的金融危机对财富的破坏。所以，伯利和米恩斯所记录的发生在美国的事情极具影响力，但它既不是唯一的也不是首创性的。向分散所有权的转变事实上早在几十年前就在大西洋的这一侧——英国——开始了。介绍一些英国的公司历史对于理解所有权分散的成因及其后果是很重要的。[9]

◉ 英国特殊论

在英国 100 家最大的公司中没有多少是工程类公司，拥有 250 年历史的公司甚至更少，GKN 便是其中一家。但是看着今天的 GKN 公司，几乎无法辨认出它的前身就是道勒斯钢铁公司 (Dowlais Iron)，原公司位于南威尔士梅瑟蒂德菲尔附近，是在 1767 年由出任工程经理的约翰·盖斯特 (John Guest) 帮助建立起来的。1851 年，约翰·盖斯特的孙子成为公司唯一的所有人，那时道勒斯钢铁公司是世界上最大的钢铁厂，操控着 18 个高炉，员工超过7 300人。该公司是第一家获得贝塞麦转炉炼钢法授权的企业，1857 年建成了世界上最大的轧钢厂，1865 年生产出第一批贝塞麦转炉钢。在变成 GKN 公司之后，它为英国布鲁内尔大西部铁路的轨道，美国、欧洲和俄国的铁路，以及第一次世界大战时的英国军队供货，从而成为牢牢扎根于英国的世界上最大的铁钢生产商之一。在此后的一段时间里，公司曾转型到汽车和直升机的零部件生产。今天的 GKN 公司是航空结构件和粉末冶金的主要生产商之一，并从全球采购进行生产。

这种惊人的蜕变主要是通过收购来实现的。GKN 公司本身就是合并的产物。阿瑟·基恩 (Arthur Keen) 于 1856 年在英国斯梅西克创建了专利螺母和螺栓公司 (Patent Nult and Bolt)。1902 年 7 月，为了收购道勒斯钢铁公司以及专利螺母和螺栓公司，GK 公司在伯明翰成立。1902 年，该公司收购了 1854 年在斯梅西克成立的内特尔福德公司 (Nettlefold and Company)，世界领先的螺钉和紧固件制造商之一，由此诞生了 GKN 公司，同时爱德华·内特尔福德 (Edward Nettlefold) 先生进入董事会。

20 世纪 20 年代是 GKN 公司发展的关键十年。首先，公司以十年中最大的投标报价收购了位于布里斯托的约翰·莱萨特有限公司（John Lysaght）。之后，在 1923 年 11 月又进行了两次主要的股权收购，收购了戴维斯父子公司（D. Davis and Sons）和加的夫统一寒武纪公司（Consolidated Cambrian of Cardiff），成为世界上最大的制造企业之一，涉及从煤炭和矿石开采、钢铁制造，到包括螺母、螺栓、螺丝和紧固件在内的成品生产的每个制造阶段，并在这一时期享有盛誉。1930 年，GKN 公司收购了瑞典紧固件生产商奥格·斯腾曼公司（Aug. Stenman）；收购了 Exors of James Mills 公司，世界上最大的磨光钢筋制造商之一；并关闭了道勒斯钢铁公司，结束了其 170 年的钢铁生产业务。1934 年，它收购了亨利·威廉姆斯印度公司（Henry Williams India），一家位于印度的英国独资钢轨生产商。

以上过程显示了并购在巩固和重新定位公司业务方面的非凡力量，使之可以从滑坡衰落的行业转到发展壮大的行业，从高成本的国内生产转到低成本的海外生产。它允许企业轻松地享有人类为之不懈奋斗的目标——永恒和演化。在一个世纪的时间里，通过并购，GNK 公司成立、更名并被改建为一个几乎完全不同的企业，使它能够这样做的是英国公司界一个特别重要的特征——庞大而活跃的股票市场。

GKN 公司主要通过发行股票为收购筹集资金。它或者与目标公司直接交换股份，或者通过间接筹集现金去购买目标企业的股份从而完成收购。例如，1900 年当 GKN 公司创立时，进行合并的两个公司的股东共得到了 25 万股普通股，并通过公开认购的方式发行了 40 万股普通股。

发行股票进行收购的后果是使股权迅速地分散到大量投资者手中。1900 年之前，道勒斯钢铁公司和专利螺母和螺栓公司的股权 100％由董事及其家族持有。20 世纪初公司合并的结果是普通股东的数量增加至 546 名，到 1920 年达到了 1 000 名。并购的影响在 20 世纪 20 年代初最为显著，1924 年股东人数增加至 20 000 名。

　　这证明了一个普遍性的观点：英国的分散所有权源于收购市场以及活跃的股票市场，公司可以通过发行股票为收购融资。实际上，准确地说，允许它们这样做的是多个股票市场而非单一一个股票市场，因为与现在不同的是，20 世纪的上半叶几乎每一个主要的英国城镇都有股票市场，有 18 家区域证券交易所，总体规模与伦敦证券交易所一样。19 世纪 80 年代中期，谢菲尔德市与奥尔德姆市成为两个最重要的英国股份制公司中心。

　　区域股票市场在促进新股的发行方面起着重要的作用。1921 年，一位作者指出："当地投资者对发行者的商业声誉及其业务前景的了解将很好地消除不诚实推广，并确保证券可以按接近其投资价值的公允价格销售。"[10] 所有权集中在当地投资者的手中被认为是一个可以减少信息问题以及欺诈行为的办法。正如一位股票经纪人所述："证券很少以招股说明书的方式销售，并且不包销，发行过程是由了解（棉花）交易的当地人以私人谈判的方式来完成的。"[11] 结果，证券就在大多数投资者所居住的城市进行交易。例如，曼彻斯特市的股东急于让阿瑟·基恩位于伯明翰的专利螺母和螺栓公司在大部分股东所居住的曼彻斯特市上市，原因是人们认为经纪人与董事之间的近距离便于创造更灵通的信息市场。1920 年，GKN 公司的股票在伯明翰、布里斯托尔、加的夫、爱丁堡、格拉斯哥、利物浦、曼彻斯特和谢菲尔德挂牌交易。

　　1946 年 6 月，GKN 公司正式在伦敦证券交易所上市。当时董事拥有微不足道的股份，最大的股东是苏格兰皇家银行（Royal Bank of Scotland），占有所发行普通股的 2.4%。20 世纪下半叶，英国保诚保险（Prudential Assurance）、诺威治联合人寿保险（Norwich Union Life Insurance）、施罗德投资管理公司（Schroder Investment Management）、苏格兰遗孀投资管理公司（Scottish Widows Investment Management）等多家公司先后成为其最大股东，持有的股份占发行股本的 3%～5% 不等。

　　GKN 公司的案例展现出来如下一个画面：一家在当地区域

交易所交易股票的公司通过并购迅速扩张，其股东的数量和地域分布也逐步扩大，到了20世纪下半叶初期，公司的股份主要由机构投资者广泛持有。它的经验被另一家公司复制，本书下面重点描述。

1794年，理查德·吉百利（Richard Cadbury），一位杰出的贵格会教徒，从英国的西部移居伯明翰。30年后，他的儿子约翰（John）在公牛街93号，当时伯明翰的时尚区开了一家店，销售茶叶、咖啡、啤酒花、芥子酱以及一种新的附带商品——约翰自己用臼和杵制作的可可粉和巧克力饮品。1847年，约翰与他的兄弟本杰明（Benjamin）合伙，将企业更名为伯明翰吉百利兄弟公司（Cadbury Brothers of Birmingham），并在伯明翰市中心的大桥街租了一间新工厂。受惠于进口可可豆关税的减少，公司不断扩展，并成为首个获得维多利亚女王授予的皇室供应特许权的企业。

吉百利兄弟将其生产业务搬至英国的伯恩维尔，并建立了伯恩维尔工厂，为英国工业图景添上了重要的一笔。1899年6月吉百利兄弟有限公司成立时，伯恩维尔工厂拥有2 600名员工，已故的约翰的两个儿子理查德（Richard）和乔治（George）拥有100%的普通股。

1919年是公司历史上的关键一年，吉百利兄弟有限公司与位于布里斯托尔的JS弗里父子公司（JS Fry & Sons）合并，后者的产品线补充了吉百利的巧克力产品系列。合并之后的新公司重新注册为英国可可和巧克力公司。两个家族共享董事会席位和公司所有权，弗里家族在董事会中享有4席，同时出任董事会主席，拥有45%的普通股；吉百利家族持有剩余的部分（董事会的6席，以及55%的普通股）。

随着公司业务的扩大，工厂遍布全世界，弗里家族在董事会中的代表权不断减少，而吉百利家族的代表权不断增加。到20世纪60年代末，吉百利家族出任董事会主席一职，并在董事会的13个席位中占有7席，而弗里家族仅占1席。吉百利家族持有略超过 50％的普通股，而弗里家族仅持有稍多于 10％的普通股，其余的股份分散在 200 多个普通股股东手中。这是 1969 年时的局面，发迹于 200 多年前的吉百利有了跨越式的发展。

1783 年，在德国出生的 43 岁的琼•雅各布•史威士（Jean Jacob Schweppe）发明了一个高效的矿泉水加工系统，1790 年他与人合伙拓展了业务，并在伦敦建立了一家工厂。1800 年前后，他将企业更名为 J. 史威士公司（J. Schweppes & Co.），并在全国范围内继续扩大业务。到了 1831 年，J. 史威士公司成为皇室苏打水供应商。1834 年，约翰•肯普-韦尔奇（John Kemp-Welch）和威廉•埃维尔（William Evill）购买了 J. 史威士公司，并将产品范围扩展至如柠檬水等风味苏打饮料。接下来的一年，企业获得了维多利亚女王授予的皇室供应特许权。1851 年，它赢得了为英国水晶宫博览会供应无酒精饮料的合同。到了 1870 年，企业的产品范围囊括汤力水和姜汁汽水。由于汤力水中含有奎宁而被当作一种对抗疟疾的预防性饮料，因此在印度的英国人中迅速流行开来。1877 年，企业在澳大利亚悉尼开了一家工厂，7 年后又在纽约的布鲁克林开了一家工厂。

1885 年约翰•肯普-韦尔奇的突然离世迫使公司于第二年成为有限公司。在这个阶段，公司 100％的股份都由董事持有，直至 1897 年 3 月 6 日在伦敦公开上市，情况才有所改变。上市之后，董事们及其家族共持有 30 万股普通股中的 27％。为收购 1783 年成立的 J. 史威士公司的其他业务，史威士公共有限公司（Schweppes plc）注册成立。

股票的公开发行非常成功，很可能被超额认购。1897 年年末，公司共有 1 650 多位普通股股东以及 750 位优先股股东。1919 年，肯普-韦尔奇家族放弃了主席职位（不过直至 20 年代 40 年代早期仍有两名家族成员留在董事会），在新主席艾弗•菲利普（Ivor Phillips）爵士的领导下，公司进入到了扩张阶段。史威士（属地和海外）有限公司（Schweppes（Colonial and Foreign）

Ltd.）通过新成立的全资子公司发展海外业务，策略是在海外国家进行本地化生产，以减少集团对出口的依赖。当1940年艾弗·菲利普爵士主席任期届满时，公司有2 700多名普通股股东，并于1942年12月在伦敦证券交易所正式上市。20世纪50年代，公司几笔主要收购都采用了股份支付的方式。例如，1957年用1 544 400股新发行普通股股份收购了L. 罗斯公司（L. Rose and Co.）；1959年共用400万股新发行普通股股份收购了奇弗斯父子公司（Chivers & Sons）、W. P. 哈特利公司（W. P. Hartley）以及W. 摩尔豪斯公司（W. Moorhouse）；1969年，史威士股份有限公司与吉百利集团进行合并，成立了吉百利-史威士公司。

所有这些案例所呈现出来的一个画面就是公司通过收购迅速成长，进行海外扩张并进入新的业务领域。通过发行股份为收购融资，将公司原始的家族所有权稀释到大量占主导地位的机构投资者手中，以至于到了20世纪中叶，曾经的家族所有企业已经不再是家族性的。因此可以说，收购极大地促进了英国分散所有权的出现。

这是英国的情况，但欧洲其他地方的情况并非如此。在欧洲大陆，分散所有权很少见或没什么进展。对比英国与欧洲大陆的历史可以帮助我们理解今日公司的最重要特征之一——各国之间的所有权性质有着显著的差异，其对于股东与管理者之间、股东与其他利益相关者之间的冲突具有重要含义。

◉ 幸福的家族企业

1863年，维尔纳·西门子（Werner Siemens）在写给他的兄弟卡尔（Carl）的信上提到了他的长期野心：

> 建立一家持续经营的企业，也许有一天，在我们兄弟的领导下，它将成为像罗斯柴尔德财团那样的世界知名企业，

使我们的名字在许多国土上为人知晓并赢得尊重……如果一
个人认为这个计划很好，就应该为了这个伟大的计划作出
牺牲。[12]

150年之后西门子公司虽然有一些明显的瑕疵，但已经实现
了维尔纳·西门子的野心。[13]

我们延续自己名字的欲望非常强烈。我们很爱自己的女儿，
但是在许多社会，是儿子延续了名字。在一个社会中，男性的作
用尤其重要；在一个家族中，男性拥有特别大的影响力。对此，
鲜有另一家公司创始人的意志能够更为清晰：

我特此决定并希望我的女儿和女婿及他们的后代不享有
公司资本……相反，该公司应该完全属于我的儿子们并由他
们拥有。[14]

他对一个儿子最后的诫命是最为有力的："和你的兄弟们团
结在一起，你将成为德国最富有的人。"圣经般的寓意并非巧合，
但对以往的先辈们却从未产生如此持久的影响。

从来没有一个父亲的遗嘱被贯彻得如此认真，能够产生
如此多的财富……自从他去世后，任何提议，无论来自何
处，都要经过集体讨论；任何一项经营操作，即便不那么重
要，也都根据商定的方案经过共同努力而完成。[15]

这位父亲就是迈耶·阿姆谢尔·罗斯柴尔德（Mayer Am-
schel Rothschild），他有十个依然健在的子女——其中五个是
男性。

罗斯柴尔德强调家族凝聚力的重要性是很有道理的，而在海
峡彼岸的英格兰，他的智慧言论并未引起人们足够的关注。英国
企业被定性为由狂热的父亲建立，由争吵不休的兄弟姐妹继承，
他们"在玩中工作，在工作中玩"。[16]英国家族企业的生命周期与
欧洲大陆的显著不同。正如我们刚才所看到的，在英国，企业通
过发行股份进行收购从而发展壮大，导致家族所有权被迅速稀

释；而在欧洲大陆，家族通常保持了对企业的控制权。

一家英国家族企业的典型模式是第二代家族成员勉强维持，第三代就没希望了。相比之下，在法国、德国，尤其是意大利，家族所有权代代相传。今天，在法国、德国和意大利仍然幸存的100年前建立起来的家族企业通常仍由家族所有，但是在英国却不行。[17]许多大型家族企业在欧洲大陆的股票市场上市，同时保留一个占主导地位的家族股东。欧洲大陆的企业通常与英国的企业一样大，这就表明了它们的发展并不是通过发行股份进行融资收购的方式来实现的。在第7章我会再来解释它们是如何运作的。

英国企业的所有权情况与欧洲其他国家的很不一样，这是不同演化路径带来的结果，理解这一点非常重要。在澳大利亚、比利时、德国和意大利，有50％的公司单个投资者或投资集团控制了公司50％以上有投票权的股份。在荷兰、西班牙和瑞典，有50％的公司单个股东控制了30％以上有投票权的股份。而在英国，这一比例不超过10％。[18]

因此，英国的股票市场开创了一种不同于欧洲其他地方的企业所有权结构模式。事实上，英国和美国的模式与世界大部分地区都非常不同：在亚洲、欧洲和南美，家族和控股集团在企业界占主导，而英美的分散所有权模式是特例而非常规的。通常由家族长期持续控股至今仍在欧洲大陆的企业中占主导。在英国和美国，这种所有权形式迅速消亡，导致了伯利和米恩斯所提出的公司所有权分散的现象。

在伯利和米恩斯看来，这种发展的主要后果是所有权和控制权分离。控制权已经从所有者——企业的财产持有人——的手中转移到经营公司的高管和经理人手中。它产生了政策制定者在过去几十年里尤为关注的代理问题，即在由高管为股东经营的公司中，没有股东持有足够多的股份从而激励他们在监督企业的运行方面投入精力。一个自然而然的后果就是，高管们获准按照他们认为合适的方式自由地经营公司，通常是为了他们自己的利益而非股东的利益。在过去的几十年里，英国和美国许多经济上的失败都被归咎于这项公司治理缺陷——但这是极其错误的。

在过去的几十年里，世界范围内出现的问题不是管理层与股东利益一致性的问题，而是刚好相反——让股东对他们所投资的公司负责。事实上，增进高管与股东利益的一致性而不用股东肩负责任使问题变得更糟糕，因为它使股东与其他利益相关者的利益不能保持一致这一根本性缺陷日益加剧。导致这个问题尖锐化的正是本章所述的原因，股权已经变得更为分散，所有者在所投资公司中所承担的责任越来越少。

作为科林·迈耶有限公司唯一一个股东，我与公司的活动直接相关，我的个人声誉、未来的生计以及金融资本都与之利益攸关。如果根据第 2 章描述的资产负债表的算法，公司有 30 万美元的资产，其中 15 万美元是权益，15 万美元是负债（银行融资和债券，即世界资产负债表的十亿分之一），那么，对于所描述的使现有资产翻倍或者损失掉的投资，只有当投资失败导致我的声誉或未来生计损失少于 15 万美元时（在这种情况下，包括原始投入资本在内，我将承受的总损失少于 30 万美元，但会以相同的概率获得 30 万美元的收益），对于科林·迈耶有限公司的所有者我才具有吸引力。否则，作为董事会主席，我将建议拒绝此项投资。

相反，一旦公司通过发行股票成为科林·迈耶公共有限公司，拥有 1 万个股东，而我仅是其中之一，那么就没有人能将公司的失败归咎于我，我将与其他 9 999 个股东一样，在为批准这一投资而召开的股东大会上建议通过此项目。此外，既然已经将通过出售科林·迈耶公共有限公司的股份赚到的钱在 9 999 家企业中的每一家都投资购买了一股股票，我几乎可以肯定投资将为我产生总计 7.5 万美元以上的收益（假定一家公司的投资成功可能性与另一家无关）。分散的所有权导致了我的不负责任以及对风险的漠不关心。

所以，从一个价值 300 万亿美元的巨大公司转变为由少数家族所有者控制的数以百万计的企业，我们通过将数百万家族所有者的声誉和生计与其金融资本相挂钩，着手解决这个管理不负责任的问题。但是当我们进一步沿着企业演化的时间轴到达分散的所有权阶段时，不负责任的态度再次报复性地出现了，而且情况比以前更严重，因为涉案者不仅可以躲在匿名面纱的后面，而且可以享受到多元化投资组合所带来的好处（持有大量的股份，其收益互不相关）。

伯利和米恩斯论证了为分散的股东提供充分的激励能使其有效地投入公司治理，这一命题被汤姆·斯托帕德（Tom Stoppard）描述为"没有权利的责任、古往今来宦官的特权"。作为所有者，股东对企业行为所造成的后果负有责任；但是随着所有者的日益分散，他们影响这些行为以及确保能够承担责任的能力正在削弱。

对此，乍一看，市场提供了一种重建股东权威简单且有效的办法。它将平衡的问题从伯利和米恩斯的一种没有权利的责任扭转到完全相反的方向——即英国前首相斯坦利·鲍德温（Stanley Baldwin）所描述的"不负责任的权利，古往今来娼妓的特权"。这里指的正是恶意收购和公司控制权市场的乱象，而最能例证这一事态的国家就是存在最为牢固的恶意收购市场的英国。

第6章
收购和关闭

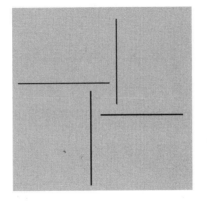

一位投资者问上帝 100 万美元价值几何，上帝回答："一分钱。"

然后投资者问上帝 1 000 年有多长，上帝说："一秒钟。"

投资者最后问："能给我一分钱吗？"上帝说："当然，一秒钟后。"

◉ 巧克力的财富

对于罗杰·卡尔（Roger Carr）来说，2009 年夏天的一个银行周末假日是他人生的一个重大转折点。事情是由他手机上一条看似无关痛痒的短信引起的。短信是美国糖果、食品和饮料公司卡夫（Kraft）的主席和 CEO 艾琳·罗森菲尔德（Irene Rosenfeld）发过来的，她刚从美国来到伦敦，想同卡尔会面，没有什么特别目的。但是，卡尔不知道的是，罗森菲尔德有一个非常具体的议程，她是肩负着一项任务来的——收购由卡尔担任董事会主席的英国糖果公司吉百利。

罗森菲尔德告诉卡尔，卡夫愿意为吉百利的每股股票支付 7.45 英镑，高出当时股价的 30%。就罗杰·卡尔而言，出价是不可接受的——收购标的公司管理层用传统术语"非常可笑的"一词来描述出价严重低估了所追求合作伙伴的价值的情况。卡尔在董事会和顾问的支持下断然回绝了卡夫的出价。

尽管卡夫不这样想，但就卡尔而言，第一次会面的方式看上去很有进攻性。在未能获得吉百利管理层支持的情况下，卡夫直接向吉百利的股东发出了一封要约信——被形象地称为"熊抱"——希望他们能向管理层施压使之接受出价。接踵而来的是通常围绕恶意收购的文字战争和大量新闻报道。对来自另一家公司报价的希望起起落落，股价逐渐上升，先是超过要约报价达到每股 8 英镑，然后是 8.2 英镑，最后稳定在 8.4 英镑左右。

但是，公司的命运实际上是由另一件事情决定的，以下是罗杰·卡尔自己对之做出的解释：

　　诚然，在整个投标期间，长期投资者的忠诚度受到了严峻的考验，因为股价的上升提供了为获得短期利润而出售部分股份的机会，这是一种应对投标失败的预防性举措，被称为顶切法（top slicing）……在整个 19 周的时间里，大约有 26% 的吉百利股份被长期股东出售了。在前 10 名的卖方中，9 名是北美的股东，1 名是欧洲的股东。在其后的 10 名卖方中，有 7 名是非英国的机构。长期资本的售出为对冲基金的买入提供了机会。对冲基金仅为短期获利而买进——所以对冲基金持有的股份越多，为实现它们所追求的短期利润而进行交易的可能性就越大。换言之，如果它们能够买到足够多的股份，收购将自动实现。

卡尔继续写到：

　　当同意 8.5 英镑的出价时，董事会代表的是以上股权持有人的利益。大部分短期玩家在低于 8 英镑的价位买入股份，持有吉百利的经济权益短短几周就可赚得 20～30 便士的利润。在当时的背景下，每股 8 英镑可以获得 30 便士的收益——仅仅在 6 周之内——相当于大约 33% 的年化收益率——按照任何标准评判都是不错的回报。在整个竞标期间与股东的直接接触显示，另有 20% 左右的登记股东可以接受 8～8.3 英镑的价格。在公开斗争了几周之后，卡夫的主席和 CEO 艾琳·罗森菲尔德在一个周日的晚上（第 44 天）打电话给我——要求召开主席对主席的会议——以提供改进的条款。防御的力量、媒体的支持以及股东的评论都已经向卡夫董事会传递了信息：吉百利是不会被窃取的。卡夫已经决定提高报价，所以在会议一开始，她便出价到了 8.3 英镑。在那一刻，我、我的董事会和顾问都知道保卫独立的"战争"失败了。在追逐股东价值的过程中，任务变得清晰明确但是令人不快——为给股东尽可能争取到最好的价格而谈判。战斗到最后——虽然会获得荣誉但会让股东舍弃最优价格——所以受托责任必须克服本能的情绪。结果，8.5英镑的出价意味着卡夫要在9月4日支付吉百利最初价值50%或40亿英镑的溢价，这超出卡夫修订后报价的额外4.25亿美元将使超过50%的吉百利股东赞成通过。

　　归根结底，是登记股东的转变使得吉百利输掉了这场"战争"——所有者已逐渐不再是企业的长期管家，而是由财务利益驱动的投资者——仅依靠他们的季度财务业绩来做出判断。到头来，根本没有足够多的股东准备从长远的角度来评判吉百利，并准备为长期的成功而放弃短期的收益。短期玩家在决定结果时占据了关键的位置，他们是通过利用长期资金对冲如下赌注——如果投标失败，股价将回落一段时间——从而积累股份来做到这一点的。最终，仅控股几天或几周的个人却决定了一个已经成立约200多年的公司的命运。[1]

这个十年中最重要的收购案之一有许多显著的特点。第一个是关于股东的性质。公司股东价值的观点认为管理层的作用是代表股东的利益。但股东是谁呢？一开始主要是海外机构股东。然而，它们陆陆续续地将股份出售给了对冲基金。机构股东对吉百利的长期业绩或许有兴趣，对冲基金则肯定不感兴趣。实际上，它们对公司的内在价值兴趣不大，唯一的兴趣点是出价是否会成功。一旦成功，吉百利的股价就会上涨；一旦失败，股价就会下跌，所以它们是对尚在进行过程中的收购前景做投机。除了收购成功能获利，它们同样可以通过"做空"吉百利的股份从收购失败中获利。[2]此外，正如卡尔所指出的，它们的行动也影响到了收购成功的可能性，因为它们对超期持有吉百利的股票并不感兴趣，只是想尽可能快地向收购方卖掉自己的股份。

收购案第二个有趣的特点是罗杰·卡尔如何看待自己的作

用。正如上一章所述，吉百利是一家十分古老和备受尊敬的知名公司，19 世纪由贵格会教徒家庭创建。该公司最具特色的方面是通过为其员工建立伯恩维尔工厂而促进了开明企业家的道德价值观。伯恩维尔工厂成为英国第一家拥有自己的入驻医生和牙医的工厂，并且因为设有大量的开放空间供工人娱乐而引人瞩目。但是其最重要的创新还是产品本身。1850 年，巧克力是一种奢侈的商品。可可和巧克力吸引贵格会教徒的一个原因是一杯好的热巧克力可以替代主宰了英国早餐饮品的邪恶的啤酒。

但是罗杰·卡尔并没有将自己的角色定位于为这个英国企业、禁酒协会、产品的英国制造以及公司的员工提供保护。这并不是说他是个没有同情心或者麻木不仁的家伙；相反，他是一位非常有思想和受人尊重的商人。他的首要使命是代表股东的利益。如果没有这样做，那么他就没有履行受托责任。代表股东的利益就意味着从艾琳·罗森菲尔德和卡夫那里寻求最好的优惠条款。他在一丝不苟地执行这个任务，凭借高超的技巧和极大的决心取得了成功，在卡夫初始报价的基础上，又获得了大约每股 1 英镑的溢价。

然而，对股东价值的重视使其他利益相关者暴露在风险之中。在宣布出价时，卡夫发表声明说："按照我们（即卡夫）目前的计划，英国在就业方面将是净受益者。比如，我们相信能够继续经营目前正被计划关闭掉的萨默代尔工厂，并将在伯恩维尔进行投资，从而保留住英国制造业的工作岗位。"类似的声明在收购过程的不同阶段都曾发表。但是在出价被接受一周之后，卡夫宣布它迫不得已地决定还是要关闭萨默代尔工厂，并将其生产线转移至波兰，从而伤害了英国的员工。由于卡夫在这项英国收购案中未能满足信息披露的预期标准，因而受到了英国收购委员会（UK Takeover Panel）的指责。下议院特别委员会（House of Commons Select Committee）的一份报告甚至以十分强烈的言辞予以谴责：

我们认为卡夫最初关于它认为可以保留萨默代尔工厂的声明既是不负责任也是不明智的。一家拥有像卡夫这样的规模和经验的公司本应做出更好的判断。卡夫的公告和随后的做法使其面临责难：或者是它没有能力处理萨默代尔工厂的问题，或者是它在收购吉百利的过程中使用了一个"玩世不恭的伎俩"来为自己增光添彩。虽然我们既无法证明也不能忽视任何一个结论……但有一点很清楚：卡夫在处理萨默代尔问题上的表现无疑损害了其在英国的声誉，并恶化了它与吉百利员工之间的关系。现在它将不得不投入大量的时间和精力来加以补救。[3]

◎ 公开拍卖

英国的恶意收购最早出现在 20 世纪 50 年代前半期。1953 年的春天，查尔斯·克罗尔（Charles Clore），一位通过做商业和房地产生意白手起家的百万富翁，发起了对鞋店连锁企业弗里曼-哈迪-威利斯（Freeman，Hardy，and Willis）的母公司 J. 西尔斯公司（J. Sears & Co.）的要约收购。克罗尔并没有按照传统的方法与目标公司管理层进行谈判，而是越过了管理层直接向西尔斯公司的股东寄出了交易要约。

西尔斯公司的董事们完全措手不及，于是报复性地宣布将股息上调至 3 倍。股东们被这种突如其来的慷慨震惊了，这一慷慨举动被视为绝望的管理层不负责任的行为。对现任董事会的信心彻底垮掉了，人们急于将股票出售给克罗尔，从而使得他快速掌握了对公司的控制权。"我们从未想过这种事会发生在我们身上。"这是即将离职的西尔斯公司董事长的临别之语。[4]

1953 年秋天，土地证券投资信托（Land Securities Investment Trust）对位于伦敦斯特兰德，旗下拥有萨沃伊（Savog）、克拉里奇（Claridge）、辛普森（Simpson）酒店品牌的萨沃伊酒店公司发起了类似的恶意收购。至此，恶意收购或者其委婉的说法——公司控制权市场已经来到了英国。

尚不完全清楚为何恶意收购市场在这个当口出现在英国，很可能与这一时期更多的机构持股取代了个人持股有关。或者，由于《1948 年公司法》对公司账目的财务披露做了更严格的规定，第一次为公司掠夺者合理、准确地估计资产的价值和收益提供了可能，从而使他们可以在没有目标企业配合的情况下发起要约收购。[5]在查尔斯·克罗尔对西尔斯公司的收购案中，据报道："克罗尔发动的攻击是基于宏腾房地产经纪公司（Healey ＆ Baker）的一位合伙人所提供的信息：西尔斯公司的资产负债表将所有900 家位于主干街道上的商店的房地产价值低估了 10 亿英镑。"[6]

对于新兴的控制权市场，公司界的反应是寻求保护。它最初从英国政府和银行那里赢得了同情，因为后者担心恶意收购可能给公司界以及政府限制股利分配的政策推进带来不利影响。各级政府都参与了进来，包括在萨沃伊收购案中，英国首相温斯顿·丘吉尔曾担心收购可能会对他最喜欢的萨沃伊餐饮俱乐部产生影响。这种海盗式的资本主义令人反感，但是政府感到力不从心。不管怎样，到了 20 世纪 50 年代末下一个并购浪潮涌起时，政府开始意识到"克罗尔先生似乎已经改善了英国的鞋业零售市场"。[7]

并购现在是全球性的一大业务——2011 年涉及的总金额超过3 万亿美元。[8]美国的并购市场占到全球的 1/3 以上，欧洲的并购市场占比基本相同。亚洲收购活动的数量在过去 10 年里增长迅速，占目前总体并购活动的 1/4 左右。此前我曾估计全球股票总市值接近 150 万亿美元，其中包括私营的非上市企业，所以，每年大约有 2% 的总市值以某种方式参与了兼并和收购。

并购基本上采用两种形式。第一种是合并，当事企业的管理层同意将两家公司合并在一起，建立一家新的、统一的企业，然后寻求股东对该协议的批准。卡夫对吉百利的收购并不是这种情况，而是第二种类型——收购：一家公司对另一家公司的股份发出交易要约，有时会得到目标公司管理层的同意，有时则面临与吉百利相同的情况，即遭到管理层的坚决反对。如果直接向股东出价，让其出售股份给收购方，即使管理层反对，收购也能获得成功，正如吉百利案例所示。

为什么公司从事如此大量的并购活动？显然是为了赚钱。公司的市场就像橘子市场一样，如果买方愿意支付的价格高于卖方的开价，一个公司就会为现金或股份进行交易和交换。买方愿意为之支付高价的原因是他们相信通过收购将比原企业赚的更多——或是因为他们认为自己可以更好地经营企业，或是源于两个企业的结合能够创造出单个企业所无法企及的一些机会。

卡夫收购吉百利的主要动机是以上第二种考虑。它认为收购吉百利为其创建一家全球性的糖果公司提供了可能，进而可以将吉百利的市场扩展至世界多个地方，尤其是发展中国家和北美地区。另外，它还看到了在生产、采购、客户服务和研发方面存在节约大概 6.25 亿美元成本的巨大潜力。[9]

然而一年半之后，创建一个全球性综合企业的想法看上去不再那么美好了。2011 年 8 月，卡夫宣布将把北美食品杂货业务从其全球零食业务中分拆出去。对此，据说罗杰·卡尔称赞这一举动，并呼吁将"新公司命名为吉百利"。[10]而艾琳·罗森菲尔德辩解说，什么都没有改变，他们正在寻求分别在不同的市场上创造出两家大规模的公司。

收购一般来说赚钱吗？答案对某些人来说无疑是肯定的，对某些人来说必然是否定的。你只需要看一下吉百利的交易案就会发现一个赚了很多钱的群体——目标企业的股东。他们最初被提供了 33% 的收购溢价，而最终却获得了 50% 的收购溢价。平均来看，在被目标企业管理层拒绝的恶意收购中，目标企业股东会赚得 30％的回报，而在友好收购和兼并中只能赚得 20％。[11]

第二个明显得利的群体是分别为交易提供建议、进行谈判、筹措资金的顾问、律师和投资银行。由围绕卡夫收购案的争议引发的一个后果是英国收购委员会开始要求公司披露支付给咨询方的费用。美国流体控制公司科尔法（Colfax）对英国特许工程企业（Charter）的收购是第一批被要求公开咨询费的重大收购案之一。这项金额达 15 亿英镑的收购交易费用估计在 9 000 万英镑。[12]

总体来看，吃亏的群体是员工。"削减成本"和"合理化"是并购术语中对裁员常用的委婉说法。通常收购完成之后会减少大量就业岗位。例如，英国的一项研究报告表明：19％的英国企业就业岗位减少是由被关联企业收购导致的。[13]来自美国的证据表明，就业岗位的削减集中在企业总部而非生产部门。[14]

介乎得利和受损两者之间模糊地带的是收购方的股东。你觉得奇怪是难免的：既然收购的目的是增加股东利益，收购方的股东怎会未从收购中大量获利呢？总的来说，他们的确没有。与吉百利股价的大幅上涨形成鲜明对比的是，卡夫的股价实际上在 2009 年 9 月下跌了近 5％。就这一点而言，卡夫的经历绝非特例——在大多数情况下，收购方的股东很少或者没有获利，在不少情况下甚至会遭受损失。

实际的情况是，只有目标企业的股东才从收购中大量获利，收购方企业的股东及其管理层赚得很少或没有回报。因为他们为目标公司支付的价格过高，以至于在许多情况下，他们是收购中的输家。他们在收购狂潮中失去了自控力，这和你买房子时可能会遇到的情况一样：你是如此不情愿输给跟你竞价的买主，所以给出的报价高于其真实价值。卖方拿着一摞钱走了，而你却睡在地板上需要去支付根本无力偿还的抵押贷款。正如吉百利案非常清楚地表明的那样，目标企业的股东期望他们的管理层尽可能多地从收购方的股东那里榨取价值，而证据表明总体上他们成功地获取了全部收购价值。

像卡夫对吉百利这样的恶意收购的吸引力在于，它们是纠正所有权和控制权相分离的代理问题的有效途径，并惩罚了那些没有充分考虑股东利益的管理层。

◉ 一场绞刑

1990 年，美国西北大学艾尔弗雷德·拉巴波特（Alfred Rappaport）教授如此写道：公司控制权市场"代表了对有史以来管理自主权的最有效检验，它为公共公司[15]注入了新的活力"。[16]拉巴波特教授的意思是收购不仅是降低成本和开拓新机会的重要方法，对企业管理也产生了有益的影响。在一家公司的任何阶段都存在这种可能性：一个袭击者从阴暗的角落里冒了出来，对企业发出收购要约，而管理层要在每一个时点都力争代表其股东的利益。他们一刻也不能放松警惕，因为他们知道，袭击者能随时找到机会发起收购，从而接管他们的企业。所以，收购不仅可以将资源重新配置到最能获利的地方，而且如同肉刑或死刑一样，一顿鞭笞或一场绞刑会使得广大民众毛骨悚然。由于害怕偏离股东价值的后果，他们又会一直促进股东价值。

关于收购的手段特别值得注意的是，对任何一方的股东而言，都无须努力或做出投入。他们可以紧握股份休息放松，安心落意，知道如果管理层不持续地追求股东的利益，另一家公司某个有抱负的高管就将谋求他们的股份并按其真正的价值出价。这就好比一个秘密的监护人在持续地监督着你的投资。这个监护人称为收购市场，那些投资银行家看似高昂的收费与目标公司股东通过他们可获得的收益相比可能是物有所值的。

鉴于收购所表现出来的强烈的惩戒作用，吉百利收购案有一个奇怪的特征。在收购之前，吉百利的业绩无论从什么角度来判断都不差。事实上，在某些方面，它做得比卡夫还要好。在收购之前的两个月，吉百利的股价甚至超过了卡夫的股价。

在这一方面，吉百利的收购案并非与众不同。对收购的研究表明，目标企业的业绩在收购之前的几年里并不是特别差。例如，我所参与的一项对 42 个英国恶意收购案的研究发现：仅在 16 个收购案中有财务失败的确凿证据，在 10 个收购案中有少量的失败证据，而在 16 个收购案中没有任何财务失败的证据。[17]另一项对英国收购案进行更全面分析的研究发现：在恶意收购中，目标企业股价的表现接近市场平均水平。[18]

同时，第二项研究也发现：在成功的恶意收购中，90％的目标公司董事在收购完成后的 2 年内丢掉了工作，这一数字非常可观。在吉百利案中，3 名最高级别的董事——董事长、CEO 以及财务总监——在卡夫接管公司之后的几小时内就离开了。所以，能确保你以公司董事的身份离职的最佳方式之一就是成为一个成功的恶意收购的受害者。

这到底是怎么回事？恶意收购本应惩罚经营不善的公司，但它们并非以业绩特别差的公司为目标。然而，恶意收购会导致几乎所有的目标公司董事丢掉工作，即便目标公司的业绩尚可。这就好比在人群中随意实施本应阻止不良行为的肉刑。这听起来不像是起到了一个非常有效的惩戒作用，虽然理论上它可以有效地做到这一点。

那么，恶意收购在做什么？我们可以从卡夫—吉百利案以及目标企业董事会消失的这一后果中找出一些线索。尽管吉百利没有表现得特别差，卡夫仍然认为还有比现有的管理层做得更好、进一步提升业绩的机会。吉百利的业绩尚可，但并不是足够好，还存在将业绩平平转变为业绩卓越的可能。企业现有的董事会阻碍了这一目标的实现，因此，需要通过收购来赶走目标公司的现在管理层，因为他们与收购方持有不同的观点，反对收购并试图保持公司的独立性。

但是，当目标公司被替换下来的管理层在为其股东做出虽非卓越但也完全过得去的工作成绩之后却发现自己流落街头时，我们也无须予以过多的同情。因为与目标企业的股东一样，目标企业的管理层是另一个从收购中获得了巨大利益的群体。目标企业的管理层不遗余力地从收购方榨取更多的收益，并不完全是出于为其股东利益考虑的利他主义行为。他们本身也持有股权和期权，这意味着对方出价越高，他们带走的也就越多。事实上，他们的薪酬方案设计保证了他们的利益与股东的利益相一致，以便在类似收购这样的事件中，他们会尽全力榨取最大的价值。例如，据报道，吉百利的 CEO 从收购中获得了 1 700 万英镑的报酬，然后转身离开——有许多人会为了这笔钱而"勉强地同意"放弃他们工作的权利。[19]

所以，与其说恶意收购是为了改善不良业绩或者对糟糕的管理进行惩罚，不如说是改变走温和路线的管理者的策略以使他们成为卓越的管理者。因此，恶意收购反映了对未来战略而非过去业绩的意见分歧。对于那些真正管理不善的公司，市场会采用另一种不同的对待方式，而这是由积极的基金经理主导的。

◉ 积极行动

在古希腊神话中，赫耳墨斯是众神与人类之间的信使。在现代的英国公司中，他是股东与公司董事之间的信使，通常带来他的父亲——宙斯即将大发雷霆的消息。赫耳墨斯也是英国电信养老金计划为管理其资产而成立的基金管理公司的名字。赫耳墨斯焦点基金（Hermes Focus Fund）是赫耳墨斯旗下的基金之一，按照机构基金的一般标准，它有点与众不同——它积极参与所投资公司的管理。事实上，它竭尽所能去鉴别出那些业绩不佳的公司，并且有充分理由去进行干预。赫耳墨斯焦点基金与企业的高层管理人员取得联系，明确表示希望企业做出改变，相信这对整改企业的问题是必要的：改变企业的财务政策——向股东支付更多的股息或者从他们那里筹集更少的股本；改变企业的投资政策——出售业绩差的部门或者处理不成功的收购；变革管理层，包括更换CEO或者董事会主席等。

赫耳墨斯焦点基金所做的正是世界各地的政府和监管者正在敦促金融机构尽可能多做的事情，即在其投资管理中起到更积极的作用。金融机构通常有公司治理部门来监督所投资的公司，但是鲜有机构能在规模或者活跃度方面与赫耳墨斯焦点基金相比。赫耳墨斯焦点基金的经验表明：对它来说，可能有充足的理由更多地关注那些业绩差的公司，因为其积极参与的成果非常引人瞩目。赫耳墨斯焦点基金轻松超越其同行，为英国电信养老金的领取者赚得了丰厚的回报，并显著地提升了它所参与公司的股价表现。[20]然而，如果其他机构想要复制其经验，必须注意一个促使赫耳墨斯焦点基金成功的关键因素：它雇佣的人既拥有行业知识和技能，又拥有金融知识和技能。因此，它能够弥合投资者和企业之间的隔阂，而这种鸿沟使大多数投资机构饱受折磨——对于怎样介入所属企业的管理缺乏细致的了解。

股东积极主义以业绩不佳的公司为目标，恶意收购以业绩一般的公司为目标，两者在改善公司的业绩方面似乎都起到了重要的作用。那么，谁可能会反对旨在将一般业绩转换为非凡业绩的收购呢？答案是，几乎世界上除英国之外的所有其他国家都会反对。

◉ 就说不行

吉百利案的一个有趣之处是它几乎不可能发生在世界上任何其他国家。在法国，政府会进行干预。在德国，银行、当地各州以及工人们会一起使之瓦解。即便是在美国，吉百利可能也会提前采取一系列防御措施。对于全世界任何国家的国内和国际企业而言，英国拥有一个最为开放的收购市场。因此，它树立了一个许多经济学家所颂扬、政策制定者所主张以及国际机构劝告其他国家所采用的典范模式。

在世界上大多数地方，恶意收购都面临巨大的障碍。从第二次世界大战结束到20世纪末，在德国仅发生了三起恶意收购案。收购方在这三起收购案中所遭遇的困难代表了存在于世界各地的障碍。在其中的两起收购案中，无论股东拥有多少股份，都对他们的最大投票权施加了限制。这就意味着即便收购方持有目标公司的多数股份，在股东大会上也不能获得控制权。在另一起收购案中，当意大利轮胎制造商倍耐力试图控制德国大陆轮胎公司时，遭到德国汽车行业的一致反对，后者通过大笔买入大陆轮胎公司的股票来阻止倍耐力获得控制权，从而支持了大陆轮胎公司的防御行动。[21]

持有大宗股份和限制投票权仅是股东用来避免恶意收购的两种机制。2011年美国社交媒体公司领英（LinkedIn）在股票市场上市时，发行了两种类型的股票。那些在领英公开上市之前就持有公司股份的原始股东得到了B类股票，每一股的投票权是出售给公众的A类股票的10倍。这就阻止了外部投标人在未经原始股东，尤其是创始人雷德·霍夫曼（Reid Hoffman）同意的情况下夺取公司的控制权，即便大多数其他股东想要出售公司。

2004年谷歌（Google）上市时采用了类似的做法。公司的创始人谢尔盖·布林（Sergey Brin）和拉里·佩奇（Larry Page）发行了两种类型的股票——A类和B类，每一股B类股票所拥有的投票权是A类股票的10倍——原始股东共控制了61.4%的投票权，其中布林和佩奇拥有37.6%的投票权。在2004年的创始人首次公开募股（IPO）公告中，布林和佩奇为以上股权结构做出如下辩护："我们所建立的这种公司结构使得各方机构很难收购或者影响谷歌。这种结构也将使我们的管理层团队更容易长期遵循创新的方式。"[22]

2012 年，英国足球俱乐部曼彻斯特联队放弃了伦敦证券交易所，而选择在纽约证券交易所提交 IPO 申请。它这样做的目的是利用纽约更为灵活的双重股权结构的规则，该规则允许所有者，即格雷泽家族，通过持有 10 倍于公众股份投票权的股份，来保持对俱乐部的控制权。[23]

这种双重股权结构在美国，尤其是在媒体公司中普遍存在。它们在欧洲大陆甚至要更为常见。保时捷（Porsche）和皮耶希（Piëch）两大家族一度交替保持对保时捷汽车公司的全面控制，尽管他们仅持有一半的股份——公众持有另一半股份，但不享有投票权。[24]

在美国，即便公司不发行两类股票来阻止收购，也有一些其他防御手段供其使用。例如，它们经常采用一种称为"毒丸计划"的方法——收购方为夺取其他公司的控制权要付出极其昂贵的代价。一个毒丸就是当收购方已经获得了超过一定比例（例如20％）的公司股份时，对除袭击者之外的全部现有股东增发股份。所以，一旦袭击者从目标企业获取了 20％的股份，它会发现所有目标企业的其他股东都自动获得了新的股份，从而降低了袭击者的持股比例。预计到这一点，袭击者就不会试图对有毒丸计划的企业发起竞标。即便企业没有双重股权结构或者毒丸计划可供使用，它也可以选择在美国某个法律几乎不允许恶意收购发生的州创建公司。[25]

空气产品公司（Air Products）是一家位于宾夕法尼亚州的气体生产公司，是世界最大的氢气和氦气供应商。2010 年 2 月，它公开表示希望收购另一家位于宾夕法尼亚州的专营工业和医用气体的空气气体公司（Airgas）。在寻求收购的过程中它面临四道屏障。第一，空气气体公司的管理层不希望被收购，并认为空气产品公司在谈判桌上给出的每股 70 美元的报价严重低估了该公司的价值。因此，它拒绝了后者的出价。第二，空气气体公司董事会的9名董事实行轮选制，每年仅有3个选举名额。因此，空气产品公司需要长达2年的时间才能使其提名的候选人在空气气体公司的董事会占到多数。第三，空气气体公司有一项毒丸计划，触发点是15％的股权，这就意味着一旦空气产品公司获得了空气气体公司15％的股权，后者便会通过向公司的其他股东增发股份而自动稀释前者的股权。第四，空气气体公司的公司章程要求，与相关方的合并必须获得2/3以上股东的同意，除非董事会中的大多数董事予以批准。因此，空气气体公司采取了一系列收购防御措施，阻止被空气产品公司恶意收购。

在2010年9月的空气气体公司年度股东大会上，空气产品公司成功选出了3位候选人进入到对方的董事会。但是在特拉华州最高法院拒绝了空气产品公司关于将下次会议提前至2011年1月的申请之后，该公司必须再等上一年才能获得空气气体公司董事会的多数代表席位。所以，空气产品公司改为向特拉华州法院上诉，要求空气气体公司移除其毒丸计划以及其他收购防御措施。2011年2月特拉华州法院裁定，驳回空气产品公司的上诉，空气气体公司董事会是出于善意保留了其收购防御措施。空气产品公司随后立即撤回了对空气气体公司的竞标。

该案之所以特别引人注目，是因为空气气体公司股东对其公司命运自决权的支持理由显得尤为令人叹服。首先，空气产品公司的出价都是以现金而非其股份的形式，因此空气气体公司的股东准确地知道它价值几何。其次，空气气体公司的所有股东可获得条件相同的报价，没有迹象表明一些股东会比其他股东获得更有利的交易。最后，自报价第一次摆在谈判桌上后，空气气体公司的股东足有一年的时间去判定是否可能有更好的选择出现。

那么，特拉华州法院如何能够裁定收购防御措施——不是由空气气体公司的股东决定竞标的结果，而是由其管理层做出决定——应予以保留呢？首席法官威廉·钱德勒（William Chandler）总结说："这个判例并不是支持'说不'。法庭所支持的是特拉华州长期以来对合理行使管理自主权的尊重，只要董事会是诚心诚意地依照受托责任而行事。"[26]

法庭关注的是套利者的作用。钱德勒法官指出：

> 空气气体公司和空气产品公司的专家都证实：在远低于70美元报价的水平上大量——如果不是全部——买入空气气体公司股票的套利者将很高兴以70美元的价格卖出，而不顾公司潜在的长期价值。基于双方专家证人在法庭上的证词，我发现有足够的证据表明大多数股东可能愿意出售股票而不顾价格是否合适，从而将把空气气体公司的控制权让与空气产品公司。[27]

钱德勒法官接着说：

> 我发现空气气体公司的董事会在秉诚行事，并依据金融及法律顾问的建议做出了空气产品公司的报价不合适的结论。而且正如最高法院所支持的，一个真心诚意地相信恶意收购并不恰当的董事会可以"正当地运用毒丸策略作为恰当的防御措施以保护其股东免受'低位'收购"之害。[28]

就空气气体公司和吉百利公司两个案例而言，有人担心套利者所发挥的作用会造成恶意收购自我实现的后果。区别在于，在吉百利案中，管理层所能做的仅是公开抗议这一允许短期投资者决定公司长期命运的制度的不公平性。[29]相比之下，美国的法律制度支持管理层按照他们认为符合公司长期利益的方式行事，空气气体公司从而可以从这一法律制度以及一系列收购防御措施中寻得保护，即便会与公司股东权益中的短期价值相抵触。因此，美国的目标公司管理层相比于其英国同行可获得的防御保护明显要大得多。

大多数国家在保护公司避免遭受恶意收购时做得相对直接。相反在英国，正如从卡夫收购吉百利案中所看到的，即便政界和公众对收购持广泛的反对意见，目标企业也只能采取非常有限的防御手段。英国在面对收购时采用这种非常开放的方式是因为它认为收购能促进效率提高。有人愿意为一家公司支付最高的价格大概是期望通过拥有它而获得最大的利益，因此就应有权去控制它。例如，吉百利的股东显然认可，与现有的吉百利管理层相比，当公司被卡夫控制时估值更高。所以，一个自由和容易操作的收购市场鼓励资本流向可以被最好利用的地方，并为那些最有能力的人所运用。此外，卡夫收购案也说明，资本经常来自海外，所以这个收购市场的额外吸引力就是它鼓励资本流入英国。那么，既然有这些好处，为什么世界上其他国家对收购的看法与英国十分不同呢？这就把我们带入了问题的核心——作为一种承诺机制的公司——以及公司控制权市场可能引发的与其他利益相关者之间的潜在冲突。

◉ 公司岛屿

回到科林·迈耶公共有限公司的例子以及所面临的与其他9 999位股东一样的问题，我无法拒绝以公司债权人的利益为代价平均赚取50％回报率的这类投资。我不愿意拒绝是因为我并不会因为鼓励公司接受这项投资而承受个人成本。然而，公司确实要付出代价，因为尽管我作为个人与决策无关，但公司作为独立于我和其他股东的实体却与决策相关。公司的声誉不同于股东个人的声誉，所以如果投资失败公司将遭受价值15万美元或者更多的声誉损失，以至于它会选择拒绝投资。

如此一来，虽然作为科林·迈耶公共有限公司一名小股东不能做任何事情来阻止投资决策被通过，但是我可以任命管理层去运营公司，他们将会关心公司的声誉并力图保护债权人。我们不必重回家族所有的世界去促使公司负起责任，而只需要任命对公司的长期成功感兴趣的管理层，我作为一名股东将很高兴让他们来做决策。作为一名个人小股东，我不可能对维护债权人的利益做出承诺，即便我希望能够做到。但是公司作为一个单独的法律实体可以代表我做出承诺，它是一种承诺机制。

至少直到我所介绍的恶意收购现象出现之前，公司一直如此。根据定义，恶意收购绕开了目标企业的管理层；它是一种在面对目标公司管理层的反对时，收购企业的管理层直接用在目标企业股东身上的招数。由于这样的恶意收购是一个反承诺机制，在很大程度上它妨碍了目标企业的管理层在一个他们难以回避的最重要的问题上做出最佳决策——是保持独立性还是与另一家企业合并。结果，英国的例子最生动形象地说明了我们已经创造了无头怪公司，它们的命运既不由匿名的所有者也不由可更换的管理层最终掌控。

因此，在允许和阻止恶意收购之间做出抉择就如同是在向其他利益相关者展现承诺和任由股东对企业实施控制之间做出抉择一样。因此，它是企业的目标和原则的基础。这就是为什么有些公司会选择执行反收购条款而其他公司却不这样做。[30]然而，另一个问题却没有得到解释：为什么一个国家应该选择将其纳入国家或州的法律范畴，并要求辖区内的所有注册公司去执行？事实上，如果一些公司只有少数债权人或其他利益相关者，我们可能希望它们放弃收购防御，而将自己敞开于收购市场的训诫。为了理解为什么我们可能希望它与公司政策一样也属于国家或州所管辖的事项，下面回到对加拉帕戈斯群岛的讨论。

正如我在第1章所述的，让加拉帕戈斯群岛如此特别的正是它的岛屿属性，使得本地物种受到了保护，免受那些曾潜入相邻大陆的掠夺者的侵害，否则它们可能早就岌岌可危了。实质上，美洲蜥蜴和象龟们不可能召开特别会议进行投票，但它们已经采取了反收购机制——海洋。如果没有海洋，加拉帕戈斯群岛的物种可能已经随心所欲地建立了某种共存的形式，但是当周围地区的猛兽偶然间第一次发现了它们这些坐以待毙的猎物时，一切都无济于事了。

那些对利益相关者做出承诺的公司就是处于这种情况——对潜在的恶意收购者而言是坐以待毙的猎物，它们有肥嘟嘟的利益相关者可以满足最贪婪的收购者的胃口。所以倘若科林·迈耶公共有限公司的管理层放弃这一剥夺债权人财富的投资，收购方则知道它可以接管公司，实施该投资计划并取得5万美元的预期收益。这并不会破坏收购方在其债权人中的声望，由于它自身不承担投资后果因而会有一个无瑕疵的记录；事实上，它可能通过对目标企业债权人的财富剥夺而留存下部分钱财，进一步为自己的债权人提供安全保障。

然而，如同第一批从周围地区来到加拉帕戈斯群岛的入侵者对群岛的大肆破坏一样，公司掠夺者的行为所带来的影响也是灾难性的。看到了不幸的猎物的遭遇，其余动物纷纷抛弃了全部克制，肆意妄为地吞噬掉一切，并像它们的捕食者一样，遵循着弱肉强食的丛林法则。所以尽管我之前说过一场绞刑对于所有业绩不佳的管理层来说是一个有益的警示，但它同时也是一个将债权人悬吊起来并实施对他们不利的高风险投资的诱因。无限制地追求股东价值并不比动物界的捕食具有更多的道德价值。这是一个系统性坍塌的结果，为了增加股东的利益而压缩其他方的利益。

我们因此创造了公司这一加拉帕戈斯群岛以促使公司体系变得多样。[31]我们这样做部分是基于不同国家的价值观。其中有一些痛恨丛林法则，有一些厌倦加拉帕戈斯群岛的静谧。但是出于经济效率的考虑，我们也会选择这样做。正如加拉帕戈斯群岛已经创造了一个使得从周围大陆过来的不同物种都兴盛繁荣的环境，以及加拉帕戈斯群岛的每一座岛屿都有着独特的生物学特性一样，国家可以促进经济和行业体系的多样性。有些是与对利益相关者利益的有力保障相关，有些是与对股东的有力保障相关。公司的世界与生物的世界一样，我们应该因其具有多样性而感到庆幸。正如美国各州和欧盟各国所证明的那样，通过将不同的公司法与不同州和国家的法律相结合，可以很容易地促进公司的多元化。美国的一些州，如加利福尼亚，只有为数不多的反收购条款；而其他州，如宾夕法尼亚，则在这方面有大量条款。一些欧盟国家，如英国，禁止收购防御行为；而其他一些欧盟国家，如瑞典，则允许进行收购防御。美国的公司可以自由选择在哪个州注册，在哪个州经营，欧盟的公司也可以自由选择在任何成员国家注册，并在任何其他欧盟国家经营。

目前所呈现出来的一个画面是，公司已经对经济的发展和繁荣作出了卓越的贡献，但是也引发了越来越多的问题。促进股东的利益被认为是公司的基本原则之一，但却是以牺牲与公司有重大利害关系的其他利益相关者的利益为代价的。市场激励和声誉使得股东的利益得到进一步重视，并将一个经济体中的资源扭曲地配置到那些以其他方的利益为代价谋求股东最大利益的地方。

为纠正这一问题，并鼓励股东对公司的管理产生更加浓厚的兴趣，监管被引入。但是，赋予股东更多的权力可能加剧了他们与其他利益相关者之间的冲突。随着家族所有制的衰落和分散所有权的增长，至少在世界上的某些国家，公司不负责任的状态变得更糟糕了。所有权分散的经济体为此找到了解决方案，即公司控制权市场和最近兴起的股东积极主义基金，但这两者也加剧了股东与其他利益相关者之间的冲突。[32]

监管、恶意收购以及股东积极主义因此都试图去解决股东与管理者之间的代理问题，方法是通过增加股东的控制权，在英国这样格外强调市场机制的国家尤其如此。然而，在此过程中，它们削弱了其他利益相关者的地位。公司主要的缺陷是它未能保护这些利益相关者的利益。正确的回应不应是进一步的监管，这只会导致其他方面的扭曲，而是去发现一个公司可以不依靠别人而表现出更大责任感的机制。我们需要建立公司可以向其利益相关者群体做出更多承诺的方式。为此，首先需要了解一下公司的创造者——人类——的承诺问题。

第7章

资本与承诺

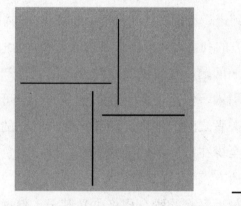

"信任固然好，监控更重要。"

列宁

◉ 理性情绪

人类最大的成就之一就是创造了理性人。[1]虽然不是非常清楚这一说法缘起何时，但可以肯定的是，到了 18 世纪中叶，他经常是欧洲最杰出人士茶余饭后的谈资。

经济学家欣然采用了这一称谓，并赋予他一个令人欢欣鼓舞的称呼"经济人"（homo economicus）。亚当·斯密在《道德情操论》（Theory of Moral Sentiments）中颂扬了他的美德：

> 对我们最有用的，首先是出色的推理和理解能力，使我们能够辨识自身一切活动的深远影响，并预测它们可能导致的好处或危害；其次是自我控制的能力，使我们为了在未来的某一时刻获得更大的幸福或者避免更大的痛苦，可以放弃现在的幸福或者忍受现在的痛苦。这些品质联合起来构成了审慎这一对个人来说最为有用的美德。[2]

与感情用事的人相比，理性人是一个令人印象深刻的家伙。他是一台计算器，仔细评估和权衡备选方案的收益与成本。他凭借明智的决策主导着缺乏理性的人，即那些拥抱感性而非理性的人。随着环境的改变，理性人调整他的行动方案以适应当前的环境。他具有前瞻性，吸收了所有与未来以及当前环境相关的信息。虽然以史为鉴可知未来，但是理性人并不会死抱着过去不放。

理性人就像一只在山间来回跳跃的瞪羚。他看起来可以领先到达下一个应该攀登的高点，并稳步上升到新的高度。与此同时，他由情绪驱动的伙伴却被困在迷雾笼罩的山谷里，正按既定的轨迹艰难地前行。如果有理性人站在其感情用事的人类同胞旁边该多好啊！

所以，如果人类像瞪羚那样盈盈独立，他就可以做出不对他人产生影响的选择。但与瞪羚不同，理性人会率领别人与他一起行动。每一次当他在目标规划的引领下改变方向时，都会在身后留下一路不具备他的体魄或见识的追随者。因为有一些人适合穿越光秃秃的牧场，有一些人适合攀爬岩石地形，还有一些人畏惧高处，所以在每一个迂回曲折处他都会失散一些忠实的追随者。

顺其自然吧，这就是进步与发展的代价。世界不是静止的，它无时不在变化，而我们必须随之改变。那些不能做出改变的人必然会被甩在后面。但与此同时，那些在山谷中毅然决然地坚持前行的感性主义者保留了一支忠实的支持者队伍，而且尽管他们在一个复杂凶险的地形中艰难地行进，在理性人已经失去了的相互支持之下，他们却能同甘共苦。他们被一个感性主义者所无法解释的共同信念以一种理性主义者所不能理解的方式束缚在一起。

理性主义者和感性主义者谁更为成功？没有人能够断定。推测理性人将会胜出就忽略了其他人从情感支撑点处所获得的力量。我们可以通过某种方式了解感性主义者的心理，而这对理性人却行不通。历史上的伟大人物是那些精心谋划、谨慎地做出选择的人，还是那些由情感和直觉驱动的能为他人注入信心并获取其信任的人？我们最应该相信谁——是那些意识到环境已经改变所以需要破釜沉舟的人（他们用当前的最佳选择代替了之前的首选前行路线），还是那些对替代方案视而不见、严格坚持前进方向的由情感驱动的领导者？

◉ 引人注目的竞争

因此，当每个人都企图尽可能地使用他的资本去支持本国工业，从而引导那种工业使它的产品可能有最大的价值时，他必然要为使社会每年的收入尽可能地多而劳动。的确，他一般既无心要去促进公共利益，也不知道他促进了多少。他宁愿支持本国工业而不支持他国工业，只是想要确保自己的安全；他引导这种工业去使其产品具有最大的价值，他这样做只是为了自己的利益，也像在许多其他场合一样，他这样做只是被一只看不见的手引导着，去促进一个并不是出自他本心的目的。也并不因为事非出于本意，就会对社会有害。他追求自己的利益，往往使他能比在真正出于本意的情况下更有效地促进社会的利益。我从来没有听说过，那些假装为公众幸福而经营贸易的人做了多少好事。事实上，这种装模作样的神态在商人中间并不普遍，用不着多费唇舌去劝阻他们。[3]

当1776年亚当·斯密首次阐述了上述观点之后，这一有力的思想就定义了国家的进程。理性人给人以深刻的印象。通过对自身利益的追求，他所取得的成果既增进了自身的幸福，也促进了整个社会的福祉。与自觉追求社会利益的行为相比——在任何情况下这都是不普遍的，这可能更会促进社会的福祉。

那只将我们自己的利益向公共利益引导的看不见的手就是竞争。当每个人都想从工作、消费和投资中索取更多的收益时，我们就会向那些雇佣我们、给我们供货和从我们这里借款的人给予的更多。正如老鼠匆匆离开即将沉没的船时会重新恢复浮力一样，当个人追逐自身的利益时，我们共同将利益给予市场另一边的人。君主、政府或者善意的改革家的任何干预都将破坏市场的有效性。

对这一理念的普遍接受导致人们愈加关注能够促进市场竞争的公共政策。消除对国际贸易、国际资本自由流动、限制卡特尔贸易以及垄断者恣意妄为的壁垒自第二次世界大战以来主导了经济和政治议程。选择越多，对我们来说就越容易以一种明智的方式在供应商、购买者、雇主、员工、借款人和贷款人之间进行转换，市场将我们自身的利益向公共利益引导的效率也会越高。

大部分对理性人的批评集中于他的缺点和局限性。他预测未来、评估不同行动方案的后果以及做出正确决策的能力均严重受限。更令人担忧的是他犯了系统性的错误，受到了本不相关的考量因素的影响，却未能将高度相关的因素纳入考虑范畴。然而令人意外的是，理性人因此才具有了人类的属性。这个近来的重要发现已经开拓了一个学术界的新领域——行为经济学。这门学科研究人类的弱点以及它们对经济学界的影响，而我们一直假定人类即使不是非常可靠，至少也是足够聪明的学习者，不会重复犯同样的错误。

可想而知，人类的理性本质上是"有界的"，这有着相当深远的含义。我们的瞪羚不再从一座山峰大步攀登到另一座山峰，而是周期性地跌倒、后退或错误地走下坡路。但是无论局限性有多么严重，对自身的进步有多大的影响，他作为理性人都不会减少追求自身幸福的意愿或尝试。他仍然是自利的家伙，即使现在更加不完美，并使跟随者破釜沉舟，正如他那些更有能力的同伴所做的一样。事实上，后果甚至可能更为严重：只要认为理性人拥有前瞻性这一卓越的才能，我们至少可以为他的自利行为辩护，因为这不但可以使理性人受益，而且为其他人指明了下一座山峰的正确方向，但是我们却不能假定他更有人性的同胞具备此特点。理性人的自利可能真的在破坏自己和他人的幸福。

这里所关注的不是理性人的推理能力——这几乎完全主导了最近的经济学争论，而是理性人对自身利益的专注。即使人类可以做到这点，他们会选择符合自己利益的道路吗？专注个人利益已经成为一个牢固的嵌入式概念，一旦有人对此质疑并询问人类是否可能有比自身利益更广泛的目标，他就会被归为理想化的感性主义者，不愿面对人性的现实。然而，事实上，我们正竭尽全力地去阻止对个人私利的追求，并有很好的原因来解释为什么要这样做：追逐个人私利不符合群体利益。

如果我们是独自运转的岛屿，这无疑是个荒谬的命题；无论对此多么不擅长，我们在追逐自身利益方面仍然是做得最好的。但我们不是岛屿，我们起码是同样甚至常常更多依赖于他人而非自己来增进自身的利益。我们需要其他人的帮助来实现愿望，如果别人帮助我们的意愿取决于我们给他们或为他们做了什么，那么世界将变得更为复杂。我们不能只是自私自利地行动，而无视对其他人的影响。我们需要顾及我们的行为怎样影响到了他人，因为他们所做的将反过来影响到我们。限制自身的行为而考虑他人的利益，他们反过来将比不这样做时更让我们受益，我们的利益才能得到进一步增进。

如何才能限制自己呢？我们加强自律，限制我们作为接受行为规范的反射性个体本会倾向去做的事情。诺贝尔经济学奖获得者、经济学家和哲学家阿马蒂亚·森（Amartya Sen）尤其认为理性人的简单化观点是一个幼稚的假设，即假定他是自私自利的，当利他主义使其从中得到快乐时，在纯粹自私的意义上他甚至是利他性的。[4]阿马蒂亚·森认为，我们更多的是反射性地接受了那些超出从中获得个人满足感的行为准则。因此，我们愿意接受与我们的个人偏好相冲突的社会准则。

本书不想讨论认为理性人展现了自我约束或者遵守了道德规范的意义何在。我想说的是，鉴于我们要依赖他人来帮助实现符合自身利益的事情，无论个人展现出多少自我约束力都是不够的。我之所以十分确信这一点，是因为无论今天多么克制自己不让你来帮助我，明天当你帮助了我而我却无法从持续的自我约束中得到进一步的好处时，这种自我约束都是不够的。一旦你给了我想要的东西，我将自然而然地变得以自我为中心，并不再考虑你。如果知道我将这么做，你在一开始就不会帮助我。为了避免这种情况发生，以及避免通过类似反向推理的形式揭示这里所有的相互作用，我需要一个可靠的人帮助将你我捆绑在一起，即便我并没有这样做的兴致。那个人，应该就是公司。

● 依靠自己

很少有人会将位于中国内地的山西平遥与世界伟大的金融中心联系起来。但是在清朝，平遥确实是一个世界金融中心。中国的第一家票号日升昌就诞生于此，到了 19 世纪末期，它已成为中国最大的票号之一。

日升昌发迹于成功的颜料业务，总庄设在平遥，在包括北京在内的中国许多地方都设有分号。与中国的其他企业一样，困扰日升昌的一个问题是，如何在相隔遥远的分号与总庄平遥之间安全地运送货款。镖局网络因此蓬勃地发展起来，为在中国各地运输途中的银两提供保护。为了证明标的货物被安全地交付，承运人要确保收货人在印有发货人签章的标书上盖章，并负责将标书返还给发货人。

即便镖师们精通武术，他们也不可能提供百分之百的安全保障，尤其是当他们面对携带枪械的劫匪时。为了应对这一问题，企业开始使用纸质汇票来代替成本高昂的有风险的白银运输。因此，所需的专长从武术改为书法和水印制作的精湛工艺，以避免伪造汇票而非劫匪掠夺的危险。随着日升昌越来越多地使用汇票，别的企业也开始寻求采用它的这一服务来帮助其在中国各地汇兑款项。结果，久而久之，日升昌发现自己从一家兼营汇票的颜料企业稳步发展成为一家与颜料业务有点儿关联的票号。1823年，它正式将自己建设成日升昌银行。

在完成这一步之后，这家设有遥远分号的新成立的银行面临第二个风险：怎样确保对分行进行很好的管理。[5]日升昌的方法是用股份奖励管理者，这些股份根据银行以及分行的年度业绩支付股息，并会一直持续到管理者退休后一段时间。股东不干预银行的经营，但是如果管理层表现不佳，他们保留行使投票权替换掉管理层的权利。因此管理层对银行的承诺通过两个维度得到了保证：第一，管理层的收入取决于公司的业绩；第二，如果管理层未能出色地履行职责，他们的就业和生计稳定就会面临危险。这个管理体系成功地运行了近一个世纪，直到20世纪初被当时的银行所有者践踏，他们承担管理权，并亲自行使执行权。

在日升昌衰落之前，它做得非常成功之处是引入了使失败风险最小化的控制机制，即通过双重印章制度来降低由货款承运人的失败带来的风险，通过精心制作的纸张和精心设计的水印来降低由诈骗者带来的风险，以及通过业绩的监督以及激励与解聘威胁相结合来降低由管理者带来的风险。换言之，那些在武术、书法和管理上进行投入的人受到了银行的严格限制，以避免他们可能会因受到诱惑而玩忽职守。如果日升昌不愿意在需要确保必要控制的方面进行投入，员工不愿意受到这样的约束，那么他们的技能可能就得不到发挥。而当所有者最终滥用控制权并亲自行使执行权时，日升昌倒闭了。

传统经济学把价格视为一种机制，通过这一机制使得不同市场的需求与供给相一致。如果有太多的人愿意提供承运、书写或管理之类的服务，那么他们的工资水平将下降，银行对服务的需求就会更多。然而，如果银行无法或者不去限制他们的员工心存偷窃、敲诈或者剥削企业的邪念，起初就不会雇佣这些人。此外，工资的减少可能使问题变得更糟而非更好，因为员工如果被抓住或开除，他们损失得很少。一些失业的产生不是由于过高的工资或员工能力不足造成的，而是企业无法提供限制其员工行为的这一机制而带来的后果。缺乏这些控制，企业看到的是一大群不值得信任的人，而潜在的员工会理解为对他们所提供服务的需求不足。双方都是对的：在员工的服务方面，既没有足够的供给，也没有足够的需求。

在企业没有采用必要的控制去阻止员工肆意妄为的地方，需要做的是增加工资而不是降低工资。通过增加工资，企业增加了员工的就业价值，并阻止他们从事可能导致其被解雇的活动。从本质上讲，员工将有更多的资本处于风险之中。在那些企业没有良好的机制去控制员工缺乏自我约束的行为的经济体中，工资将变得更高，而就业率将会更低。这看似是员工对自己定价过高而导致的"销路不畅"，事实上则是企业不给他们任何其他方式去保持他们想要展现的自我约束，这是员工在这样一个市场环境中对自己的定价。

经济贫困并不必然源于员工的无能、懒惰或不诚实，而是更多地源于他们没有足够的机会去表现需要展现并且希望展现的克制程度。人类的理性受限于其信息处理能力，但更多地是受到自利行为的限制。我们希望对自我利益的追逐能够被超出自己所能实现的东西约束，但是世界并没有给我们提供如此行事的途径。部分原因在于难以筹集到我们所需要的可以展现承诺的资本。在可以获得资金的地方，经济繁荣了；而在无法获得资金的地方，经济萧条了。对比19世纪初期和20世纪的英国，可以对这类发展做出很好的诠释。

◉ 融资的革命

19世纪上半叶，英国成为世界上工业最发达的国家。在工业革命中出现的新型生产方式使得成本下降，产量增加到了几十年前所无法想象的水平。运输方式发生了从运河、河流、道路到海洋的转变，经济活动从农业转向工业和贸易。在短时间内，英国成为"世界工厂"。

工业革命没有通过股票市场进行融资，而是通过企业家个人和其家族的私人资本以及银行贷款来筹集资金。随后的纺织、煤炭和钢铁等制造企业的发展主要是靠留存收益来为投资项目筹措资金。[6]英国的地方银行对工业革命的成功融资也至关重要。在乔治王朝时期，大部分英国银行是合伙制的，许多银行故意保持小规模经营以规避 1708 年的银行法案，该法案限制超过六个合伙人的银行发行银行券。许多银行家最初从事的只是和银行业务相关的某种副业，因此，银行家熟悉借款人以及其过去所从事的行业。诺丁汉的布商托马斯·史密斯（Thomas Smith）于 17 世纪 50 年代开始经营最早的区域级银行，到 18 世纪中叶，其他旨在为工商业活动筹措资金的银行也纷纷成立。[7]从 1784 年到 1810 年，英国地方银行的数量从 119 家增加到 650 家。

大量有权从事银行券发行业务的小型民营银行的存在引发了严重的稳定性问题。从 1809 年到 1830 年，有 311 家地方银行破产，特别是在 1825 年，银行发生了严重的危机。此时，英国商人注意到，一直以来允许股份制银行存在的苏格兰银行体系却没有受到什么影响。于是，1826 年股份制银行在以伦敦市为中心的约 105 千米半径内被合法化，从 1833 年开始，伦敦金融城的银行业同样增加了资本并分散了风险。在十年的时间内，100 多家股份制银行建立起来。

银行业的竞争明显加剧，银行开始从事风险更高的贷款业务。尽管股份制银行拥有更多的资本，并且 1844 年的《银行特许法案》（Bank Charter Act）授予了英格兰银行至高无上的权力，银行业的危机持续存在；在 1847 年、1857 年和 1866 年，危机进一步深化。1858 年和 1862 年，股份制银行引入有限责任制，建立了全国性的分支网络，并在此过程中撤销了私人银行业务。因此，19 世纪下半叶，英国的银行业在一个非常短暂的时间内完成了从高度分散和本地化到集中化和向伦敦聚集的转变。

对地方银行业最后的致命一击是 1878 年 10 月 2 日格拉斯哥市银行（City of Glasgow Bank）的破产。由于股东承担无限责任，因此对格拉斯哥市银行来说，这是个惨痛的经历："大约 2 000 个家庭遭遇了严重的损失；许多家庭倾家荡产。"[8]该破产案不仅影响了苏格兰，而且后果波及英格兰。当银行意识到它们与当地产业的联系使其任由危机摆布时，银行与工业之间的关系从此发生了转变。英格兰银行未能履行最后贷款人的职责（lender of last resort facilities），使得银行认识到必须在伦敦货币市场而非英国央行处寻求流动性。"显然，英格兰银行的目的是要教育市场上所有金融机构必须通过限制自己只从事'稳健的银行业务'来寻求它们自身的流动性，即便在紧急的情况下也是如此。"[9]

主宰了19世纪上半叶的小型地方银行自此让路给总部位于伦敦金融城的全国性银行。后者不愿意对没有足够抵押物的活动进行较长期的投资。它们不鼓励从事有风险的贷款活动："拒绝……不易变现的所有项目。总之，翻开新的一页，不要多管闲事。"[10]

一些人认为，英国银行未能提供如同德国银行那样的融资形式或融资规模。[11]其中的一个决定性因素是两国各自的央行政策。19世纪德国央行对长期贷款的支持态度对于德国银行愿意提供此类贷款是至关重要的。[12]出于流动性的需要，英国银行不乐意做同样的事情，因为英国央行不愿意向其提供支持。另一些人认为，这些不同国家银行之间的所谓差异被夸大了，"欧洲许多地方银行的贷款活动相似度惊人"，而"英国金融市场的一个现状是具有更大的复杂性"。[13]

地方银行从英国消失对19世纪和20世纪英国的工业发展进程有着巨大的影响。经济史学家彼得·马赛厄斯（Peter Mathias）指出：

> 这种巩固进一步强化了保守的贷款政策。18世纪，许多地方银行在贷款政策上更加不稳定、担有更大的风险，但是全国性股份制银行的增长最终传播了更为保守的银行政策。分行经理的行动自由度受其伦敦总部的限制。银行系统变成一种非常稳定和有效的短期调节工具，而非一种重要的投融资手段；它不像德国的银行那样资助了本国重要的新兴产业

的最初发展。在英国，城市银行多与产业背道而驰。[14]

结果：

> 那些在家族企业中无望上升到重要位置的有能力、有野心的人可能会发现，如果英国的银行业传统更接近于法国和德国，那么他为成立自己的公司而进行融资要更加容易。此后，为新的创新和小型企业的发展而进行的融资，多借助了公共政策。而这些活动需要支付大量的开发费用，并且远超出自身的盈利能力。[15]

美国银行业的历史与英国非常不同。美国的银行体系高度分散，拥有大量没有广泛分支机构的小型银行。正如一位学者所指出的：

> 美国的联邦制度培育了分散化的银行，因为每个州都特许经营并保护自己的银行，不让其他州的银行分支机构进入，并经常阻止自己只有单一经营地点的银行开设分支机构……依附于银行的企业家可以走向全国，但是因为存在对开设分支机构的限制，银行家却做不到这一点。商业票据市场——债权人的短期借据（IOU）——是金融家与产业界为绕开地域的限制而订立的契约形式。[16]

州立银行是小企业外部融资的主要来源，它们为满足企业对运营资金的需要而提供短期的贷款融资。

英国地方银行的衰败对产业的性质以及业绩表现都有巨大的影响。19世纪末期，将主宰20世纪英国公司界的家族企业逐一建立起来。[17]许多公司的名字家喻户晓，例如 Beechams、Bovril、吉百利、科尔曼、Crosse and Blackwell、Huntley and Palmer、利华兄弟、麦金托什、Peek Frean、利洁时、朗特里、舒味思以及雅德利等，其中的许多家族企业与贵格会教徒家庭有深厚的渊源。当一个支持性的银行体系缺失时，它们与英国的其他企业一样，越来越多地求助于股票市场来获得所需的外部资金。通过发行股票、进行收购、获得增长并分散所有权，家族所有权的比例就这样以第 5 章所描述的方式下降了。

那些严重依赖于大规模投资的产业，特别是化学、电气设备和金属行业，发展得并不像上述产业那样顺利。与美国和德国的相应产业形成对照的是，它们未能蓬勃发展，到了 20 世纪 30 年代，人们敏锐地意识到这源于英国的产业融资问题。在 1929 年股市崩盘之后，英国政府成立了以主席休·麦克米伦（Hugh Mac-Millan）命名的麦克米伦委员会（MacMillan Committee）来回应日益增长的担忧："中小企业所经历的巨大困难是筹集不到它们可能屡屡需要的资金。"[18]

委员会注意到，从工业革命开始到 19 世纪末，英国的产业发展从伦敦金融城获得的帮助很少。"当需要银行帮助时，产业部门往往就从独立的银行那里寻得，而这些银行通常是总部设在各区域（特别是新产业蓬勃发展的中部和北部地区）的家族性银行。"随着独立的地方银行的消亡，委员会决定"唯一的替代方案是建立一家专注于解决较小的工商业问题的公司"。15 年之后的 1945 年 6 月，作为应对举措的工商业金融公司（ICFC）建立起来。

在 20 世纪的一个短暂时期内，ICFC 使得英国拥有了一家在提供产业融资方面能与德国银行相匹配的金融机构。[19] ICFC 的成功映衬出了其显著的特征。它由英国清算银行和英国央行所有，但是在创建之时受到了银行业的强烈反对，被认为是一个竞争威胁而非补充机构。ICFC 专注于为处于早期发展阶段的小型制造企业提供融资，常常在公司持有股份，但是不在董事会拥有席位。它致力于提供长期贷款，积极甄别借款人的活动并对之进行监督，这些在英国清算银行当中是非常少见的，其信贷员拥有精湛的技术水平。如同一名成功的积极主义基金经理，ICFC 发展了行业专长，这使得它能够在一定程度上弥补 19 世纪英国银行系统失去了地方根基后所出现的金融和商业之间的隔阂。

ICFC 获得了巨大的成功。在经历了前 3 年的亏损之后，自 1948 年后的每一年，它都赚取了可观的利润。1954—1984 年间，其投资额增长了 10 倍，能获得 ICFC 的投资被视为对企业质量的认证。1959 年，在获得银行股东的允许可以筹集外部资金之后，ICFC 一举成为英国非上市公司成长资本的最大投资者。1973 年 ICFC 收购了工业金融公司（Finance Corporation for Industry），一家在 1945 年同期成立的姊妹公司，合并之后的集团在 1983 年被重新命名为工业投资者公司（Investors in Industry，3i），其投资越来越多地集中于风险投资，最初集中于对初创企业、起步阶段以及成长资本的投资，到了 20 世纪 80 年代末期，3i 成为英国最大的风险投资商。

摆脱不了英国出售成功机构的惯例，英国央行等多家银行于 1987 年出售了它们在 3i 的股份。这毕竟是在英国的私有化时代，人们认为市场就是最好的调控。在某种意义上说确实如此，1994 年公司在伦敦股票市场上市，市值达 15 亿英镑。不过从另一方面来看，市场又绝非如此。3i 稳步地从一家英国的中小企业出资人和大型风险投资商转变成为一家进行管理层收购的企业。对其活动的重新定位极大地促成了英国风险资本从 20 世纪 80 年代早期旨在为工商业活动筹集资金，到 90 年代末期集中于对管理层的收购和买入（buy-outs and buy-ins）的转变。结果，到 21 世纪初，英国再次成为这样一个国家：很少有真正面向中小企业的长期资金支持，用于资助种子基金、创业公司和刚刚起步企业的风险资本也很有限。

中小企业缺乏长期银行融资的问题在英国已经存在一个多世纪了。在 2008 年的金融危机发生之后这一问题变得尖锐起来。尽管政府一再劝告并试图通过量化宽松的政策将资金注入银行系统，但对中小企业的资金供给完全枯竭了。人们本期望可以便利交易的银行系统对小型企业的长期融资支持很有限，银行认为中小企业风险太高。直至格拉斯哥市银行倒闭之前，情况一直如此，英国央行与英国政府主要关注的问题是对支付体系的保护。

为了回应对英国银行系统的金融稳定性的担忧，英国政府于2010年成立了英国银行业独立委员会（Independent Commission on Banking），但其仅提出了有关加强英国银行安全的建议，而没有涉及银行系统的根本性缺陷——向高风险的中小企业提供融资的问题。委员会建议将零售银行与投资银行相分隔，其目的在于保证银行的核心资产免受另一次金融危机的威胁。在此过程中，委员会希望被保护的中小企业贷款业务能够得到加强，但是对如何达到这样的效果并没有给出具体的建议，而且，由于要求被保护的活动是低风险的，结果必然是大相径庭。

在金融危机期间，随着公众持有的英国银行体系出现大量问题，政府迎来了一个绝佳的机会去重整英国的银行业，让其发挥出有价值的社会功能。尽管迄今为止英国银行业在这方面的表现至少比某些国家要好，但令人极其惊讶的是，政府并没有这样做。

◉ 硅谷人士

德语词汇 Wagnisfinanzierungsgesellschaft（德国风险投资公司）也许对大多数人（至少是不讲德语的人）来说并不熟悉。所幸它有一个首字母缩写词 WFG，而且更幸运的是，大约就在 ICFC 在英国日益崛起之际，德国政府于1975年决定成立 WFG。我所说的幸运并不是指它本身的命运——事实上它命运多舛——而是因为它被预期发挥与英国 ICFC 完全相同的功能，也就是为小公司解决股权融资短缺即股权缺口问题。[20] 与 ICFC 明显不同的是，WFG 在其前9年每年都是亏损的。它支持的大部分企业都是净亏损的，破产占据了很高的比例，企业家们羞于承认 WFG 在其公司持有股份。两个组织有着几乎相同的目的，其命运却形成了鲜明的对比，这一点是很有启示的，是否仅仅因为 ICFC 是一个为英国公司成功地提供了融资的特例？

29 家德国银行成立了 WFG，政府为这些银行可能遭受的任何损失提供 75％ 的担保。WFG 的董事会包括来自工业界和政府部门的代表、科学家和顾问等。WFG 最初专注于对初期阶段的投资，特别是制造和信息技术领域的前期阶段，其选择投资项目的标准是产品和工艺创新的程度、它们的潜在市场、企业家的素质以及其他资金来源的缺乏程度。WFG 持有少数股权，赋予企业家回购股权的权利，并且不掌握对其所投资企业的控制权。这在许多方面都与 ICFC 非常相似。

两者的差异之处在于外部干预程度。德国银行和政府都干预 WFG 的活动，而英国央行则不让英国政府和其他银行干涉 ICFC 的事务，至少直到 20 世纪 80 年代末它决定撤出前一直如此。ICFC 可以对其所投资的企业产生长期的影响，而 WFG 总是受到短期的商业和政治干预。

直到 20 世纪 80 年代末，ICFC 在经营的许多方面都类似于风险投资公司。风险投资机构由两个群体组成——作为机构和个人投资者的有限合伙人，以及普通合伙人，即投资于个人公司和初创企业的风险投资企业。普通合伙人管理公司的投资组合，他们通常自己就是成功的企业家，选择了去控制更大的投资组合。他们提供了企业家和投资者可能欠缺的商业和技术专长，并将企业家与其他那些能够在商业、资金以及技术方面提供帮助的人联系在一起。硅谷是一个大型的网络和指导实验室，在那里有经验的企业家帮助指导和连接他们有抱负的弟子们。

其他国家（包括英国在内）的创业通常缺乏有经验的企业家池，以借以利用、发挥这一金融中介功能。结果，投资机构抱怨没有足够的可行项目供它们投资，企业家抱怨他们的高潜力项目无法筹集到足够的资金。从机构的视角来看，是投资供给的不足；从企业家的视角来看，是资金供给的不足。双方都是对的。

倘若缺少富有经验的企业家让金融机构对需要由企业家做出的商业和技术判断放心，创业看上去就像是一个疯狂的冒险活动；而在一些企业家看来，由于缺乏比自己更有经验的人的支持以帮助发展他们的概念，资金不足则是制约他们实现抱负的主要因素。

ICFC 及后来的 3i 曾在英国的一个短暂时期内弥合了金融机构与企业家之间的分歧。在美国，大约有 1/4 的风险投资资金投资在处于早期阶段的企业。在英国，1984 年的创业投资和早期投资大约占到风险资本投资的 1/4，但是随着 3i 从市场上退出，到了 20 世纪 90 年代末期，这一比例已经降至不足 1/20。私募股权投资企业的业务发生了变化，从为处于早期发展阶段的新企业提供风险资本融资转变为对现有企业管理层的收购。

目前在英国仅有 1/5 的私募股权资本转为风险投资，其余的都投入了收购领域。美国风险资本的 GDP 占比是英国的 2 倍，而平均每家公司获得的投资额为英国公司的 8 倍以上。[21] 相对于美国而言，英国风险资本的低水平投入反映了投资者以往从英国的风险资本投资中获得的回报率较低，对早期阶段的投资尤为如此。[22] 难怪真正的早期投资已经全部消失了，而偏向于为收购现存企业的管理层提供资金，因为这才是利润所在。[23]

所以，英国的金融体系全面抛弃了对初创企业和中小企业的融资，而谋求在现有的更大型企业中做更赚钱、更安全的收费业务。银行体系从过去为当地产业提供资金来源转变为集中于伦敦金融城，更多地关心如何收费而非发展企业；私募股权投资从过去的早期投资转为倾向于重组现有企业的所有权；维持股东与企业之间信任关系的本地股票市场也已经被持有全球投资组合的机构投资者占据。金融体系如此转变是因为对金融稳定性的担忧促进了银行向伦敦的集中，并以消灭过去曾是小企业融资基石的地方银行为代价。结果，企业越来越多地转向了股权交易市场。在此过程中，当它们为投资尤其是收购筹措资金时，所有权被不断分散。这反过来又使它们受到了收购尤其是公司控制权市场的威胁，削弱了其关注长期利益以及其他利益相关者的能力。那个曾致力于新企业成长的金融行业已经变得只关注对现有企业进行控制了。

除了英国和美国，其他国家的外部融资主要来自银行，它们允许企业在不稀释股权的情况下成长。股权仍然主要集中在家族所有者手中，他们可以致力于其他方的利益，也可以为追逐个人利益而去损害企业的业绩表现。在英国，弱关系型银行与缺乏恶意收购的防御机制二者共同作用促成了企业的财务表现，但却是以牺牲股东和管理层的承诺为代价的。在美国，地方银行、收购防御以及股权融资在一些企业中建立起股东承诺，在一些企业中建立起管理层承诺，在其他企业中也可能无法建立这两类承诺。英国和美国通常被归为市场主导型金融体系，事实上两国的情况非常不同：美国将英国薄弱的承诺与其强大的所有权和有力的管理层承诺结合了起来。我认为这种差异正是美国相比于其他国家（包括欧洲大陆的家族企业）具有巨大经济优势的源泉。

◉ 牛奶的故事

科莱基奥是意大利帕尔马正南部的一个城镇，其乳制品帕尔马干酪以及帕尔马火腿可能是最为著名的。年轻的企业家卡利斯托·坦齐（Calisto Tanzi）于1961年在这个城镇上建立了一家乳制品企业——帕玛拉特公司（Parmalat）。两项技术的开发——用利乐（Tetra Pak）牛奶纸盒替代玻璃瓶，以及牛奶超高温处理技术——为帕玛拉特公司带来了重要的产品革新，使其在20世纪60年代具备了相当大的优势。随后在20世纪70年代，对牛奶配送的垄断限制得以解除，从而使企业获得了新的市场机会。

帕玛拉特公司实施多元化战略，进入其他乳制品和食品领域，并向海外进军，拓展至欧洲和南美。到20世纪80年代末，它已成为意大利最大的食品公司之一，以至于吸引了在本书前面作为收购方出现过的卡夫的注意，成为其潜在的收购目标。实际上，坦齐家族决定不将企业出售给卡夫，而是在米兰的股票交易所公开上市——这个致命的决策导致了2003年12月欧洲最大的企业破产案，公司彻底垮台，未偿债务达到130亿欧元，而卡利斯托·坦齐本人因欺诈性破产而锒铛入狱。

导致企业崩溃的事态发展受到广泛的关注和记录。[24]无处不在的失败、欺诈、利益冲突折磨着意大利公司和金融体系，涉及从审计师、银行、评级机构到监管部门等多个环节。在帕玛拉特公司倒闭后不久，一份意大利的政府报告做出了很好的总结："最令人震惊的发现是……所有为保护该系统而建立起来的结构，尽管是在不同的层面，都失败了：企业内部的控制功能，以及外部监督、监管当局对于特定金融市场的活动和个别特定银行的监管，显然都失败了。"[25]

特别是，帕玛拉特的家族所有权远没有作为家族坚持长期稳健原则的手段，反而变成一个帮助其侵占资金、发展利益链条与政治纽带的工具。资金被转移给家族成员以及他们的私有公司，并用来偿还个人债务。子公司帮助掩盖母公司的亏损，其中最引人注目的是邦莱特公司（Bonlat）。1990—2002年间，帕玛拉特公司给其家族的帕尔玛旅游公司（Parmatour）转移了5亿欧元，坦齐的女儿正是这个公司的董事会成员。[26]因此，所有权集中为其他利益相关者所提供的潜在稳定性也可能造成资源向有利于家族私人利益的方面转移。在批评分散的所有权的同时，我们也应该小心不要美化了家族所有权。

● 承诺与控制

随着大英帝国所施加的军事和政治控制的减少，伦敦金融城对世界各地公司资产的控制却加强了。英国本土的生产和投资可能在逐步减少，但通过总部设在伦敦的企业总部和金融机构所施加的对世界资产的控制却越来越多。可以像英国这样自由无阻地行使公司控制权和分配公司资产的国家不多见。在过去的 200 年里，对于公司资本主义，英国已逐渐抛弃对其发展的抑制，转而接受它最为放纵的行径。21 世纪的帝国主义者不再是殖民地武装部队的指挥官，而是伦敦金融城董事会会议室里的 CEO。

出现在英国的资本主义形式正是教科书上所讲述的资本市场和企业界的组织式样，包括在董事任期届满之前无论是否有理由均有权对其进行改选和罢免的分散的股东、大型的股票市场、活跃的公司控制权市场、良好的法律体系、对投资者强有力的保护以及严苛的反垄断机构等，不胜枚举。这正是世界上许多国家所渴望、经济学家所推崇、国际货币基金组织和世界银行等国际机构鼓励世界发展中国家与新兴经济体所采用的模式。在这样的背景下，人们惊讶地发现，英国经济表现平平，很多民众对其经济和社会状况非常不满。

这就如同生活方式，以及营养和幸福处方的最狂热追随者遭遇了健康不良和抑郁症这样最为慢性的症状。作为回应，我们应该鼓励他们更加留意那些没有被由衷采纳的建议——当面对经济政策失败、人心惶惶的情况时，国际机构所采取的办法——不要让他们对专家绝对正确的判断有片刻的质疑。换句话说，我们应该鞭策他们，直到他们感觉更好一些。

当银行、私募股权投资者、股票市场以及收购一同对公司施加越来越多的控制时，会出现什么问题？由于委托别人经营的资产是由他们融资、所有和监管的，因此完全有权去惩罚、调离以及即刻开除那些行为表现达不到最高标准的人。的确，如果不这样做，他们就放弃了作为融资者、财产所有者以及企业资产监督人的责任，即确保其资金、财产以及资产以最佳的方式被加以利用。

　　因此我们应该赞佩英国树立了一个典范，在那些足够幸运地为由自己出资、所有和管理的公司工作的群体当中，促进了最高标准的谨慎、诚实以及忠诚。社会低阶层听命于地主阶级的有序等级制度打着现代公司的幌子继续存在，无非是股东取代了地主，基金经理和私募股权投资者取代了土地经纪人，而劳动者的工作地点从农场搬到了工厂。难怪英国人觉得这种状态很舒服——这就是他们自古以来所一直忍受着的。

　　无论这种形式有多么好的"血统"，由于控制反过来就是承诺，它也存在一个严重的缺点。英国的金融体系可能是一种控制模式的典范，它系统地压制了任何意义上的承诺——投资者对公司的、高管对员工的、员工对企业的、企业对其投资者或者社区的以及这一代对下一代或过去一代的承诺。在这个交易型的岛屿上，人们只以最近一笔交易来衡量你的表现，对你的预见性考量不会超过下一笔交易，逃脱了监管会被赞扬，态度坦诚反而会被谴责。

　　激励与控制是传统经济学中的核心，但承诺不是。加强选择性、竞争性与流动性是经济学家为改善社会福祉而开出的处方，法律合同、竞争策略以及实施监管是他们予以落实的基本工具。取消对消费者自由选择权、企业竞争能力和金融市场流动性供给的限制，我们可以更接近经济的天堂。当然，经济学承认存在以下影响因素：时间不一致性——昨天承诺的事情今天却不考虑去做；声誉——去做昨天承诺的事情，因为害怕明天无法做到；资本和抵押物——如果背离昨天说过的今天和明天要做的事情，则要付出昂贵的代价。但这些都是非常规因素。经济学没有认清承诺在我们商业和社会生活的各个方面所发挥的基础性作用，以及机构以何种方式帮助建立和保持承诺。它没有察觉到事实上选择性、竞争性和流动性对承诺造成了全面破坏，组织并非简单地是一个降低交易成本的机制，而相反是以选择性、竞争性和流动性为代价致力于建立和加强承诺。承诺是平和的、感性的社会学家而非现实主义的理性经济学家研究的课题，用莎士比亚的话来说就是"爱所有人，信任少数人，不负任何人"，经济学家的研究课题用列宁的话来说就是"信任固然好，监控更重要"。

经济学的错误是没有认识到我们只有依赖于他人的帮助才能实现所寻求实现的目标，并且其他人是否愿意这样做取决于我们对他们的承诺。问题并不是互助条款无法达成或者写在合同上，而是如果不承诺去遵守这些合同，它们就变得毫无意义了。我对你的信任并不源于我握在手中的那张纸，而是源于我看到你为我做出了牺牲。如果你欺骗我，你将失去什么？如果我践踏你对我的信任，我将损失什么？为了确保这种关系，我们一起投入的资本是什么？没有了这种关系，价格、合同、激励和惩罚都将不再重要。面对逆境，你的承诺会持续多久——在困难时期它是坚定的还是容易受到其他因素的诱惑？有了你的承诺，我将做出相应的牺牲；没有它，我将悄然离去。

承诺是有实质性内容的。根据资本投入的数量（深度）、投资的时间期限（长度）以及其从事活动的范围（宽度）可以计算出承诺的总额。可以被立即撤回的大量资本、长期投入但数额可忽略不计的资本、用在不重要活动上的大量资本，都没有太大价值。通过在适当的时期内为相关的活动配置足够数量的资金，承诺被赋予实质的内容。什么是适当的、相关的和足够的取决于我们之间关系的程度、性质和期限。太长的时间、太多的事情以及太大的资金量都会使我过多地被你左右；太短的时间、太少的事情以及太小的资金量则会让你无法确定我的意图。

公司是一个承诺的机制，它们通过使所有者投入的资本变成永续性资本来实现这一点，一旦投入就不能撤回。它们至少在原则上这样创建了承诺。然而，公司的最初设计者并没有预料到本书所描述的一个近期现象：收购会对承诺造成破坏。企业的永续性资本不再是永久的，它可以在以现金偿付的收购中提取出来。

一个完全以现金出资的收购不仅可以提取投入资本的账面价值，还可以提取其全部市场价值，从而使股东无法承诺提供永久性资本。

尽管收购使得股东不可能自己对资本做出承诺，但高管们可以通过预先承诺拒绝收购来替他们这样做。这正是恶意收购所切入的地方，通过允许收购方越过目标公司的管理层直接去迎合目标股东，它也阻止了高管们做出预先承诺。一个重要的承诺机制也因此被收购，尤其是恶意收购系统性地破坏了。

为了说明承诺和控制的这些特点，让我们回到科林·迈耶有限公司的例子。它有15万美元的负债和15万美元的权益。在它所雇佣的一些人当中，有些人已经对公司投入了3万美元，意味着如果被解雇了，他们将因丧失技能或难以获得其他就业机会且在没有这笔钱的情况下一生都过得更糟——这是世界上最弱势工人的一部分。如果科林·迈耶有限公司完全在我的控制之下，我会急切地将公司的资产投资于预计使之翻倍但可能会摧毁掉公司的活动之中，因为我将获得50%的股份收益。然而，如果风险投资失败了，那么这个决定不仅将从债权人那里剥夺收益，而且3万美元的损失也将使员工的生活恶化。预料到这种情况有可能发生，如果员工不能通过合同充分地保护自己，那么他们一开始就不会接受我的聘用，而是会在别处寻求更安全的就业岗位。

我很愿意能向员工做出承诺，但是以一己之力无法做到这一点；有了科林·迈耶有限公司的帮助，我就可以做到了。我雇佣一位经理人，使其薪酬与公司的总收入，以及权益资本与债务资本的合并业绩挂钩。因此，我的经理人将没有动力以牺牲债权人的利益为代价来实施有利于我即股东的投资。意识到科林·迈耶有限公司不太可能从事使股东以及债权人遭受损失的投资，那么潜在的员工会更愿意接受公司的雇佣，而不是接受作为非法人企业的我个人的雇佣。

此外，如果员工仍然感到面临我会干预企业运营并凌驾于管理层决定之上的危险，那么他们可能更乐于被由 1 万名股东广泛持股的科林·迈耶公共有限公司而非我个人公司雇佣。他们知道对任何一位股东而言干预企业经营的动机都不足，因此会很少受到为追逐个人利益而不惜牺牲债权人和员工利益的股东的影响。如果完全反过来看伯利和米恩斯关于分散股东的问题，从企业承诺的角度来说，所有权与控制权的分离是一种好处，而非一种弊端。

就这一点而言，像赫耳墨斯焦点基金这样的积极主义股东的出现是一件利弊并存的事情。它可能针对管理不善的企业，纠正企业的错误决策，但这也可能剥夺了其他利益相关者的既得利益。恶意收购是这种情况下的一个更极端情形，因为它允许股东不费吹灰之力就能重树他们的权威。一旦市场捕捉到科林·迈耶公共有限公司对进行风险投资犹豫不决的风声，收购者就会出现并将风险投资继续下去。因此，科林·迈耶公共有限公司的债权人和员工一方面将欢迎分散所有权赋予其管理层独立性，另一方面又担心受股东积极主义者，尤其是恶意收购者的左右。

公司的承诺不仅仅局限于金融资本。家族企业的价值观和目标反映了家族成员对组织的个人情感及其利益所在。我们通常认为这些"私人利益"降低了组织效率，确实，乍一看它们的出现只会破坏更合理的价值主张。在这样的背景下，在所有权分散的企业中，匿名股东有利于消除单个投资者可能对公司具有的情感并用一种集体理性代替个人情感。然而，在向其他利益相关者做出承诺方面，理性战胜感性在分散所有权的企业中不是那么明显。

即便没有资本投入公司，家族价值观为其他利益相关者提供的稳定和承诺也是分散的股东所难以企及的。所以，作为科林·迈耶有限公司唯一的股东，如果我对譬如书店有着狂热的兴趣，则意味着员工就会知道我不会将之关闭，即便从财务理性的角度来说应该这样做。当作为科林·迈耶公共有限公司 1 万名股东中的一员时，我个人对书的兴趣不再重要，因为员工知道集体理性将占上风，当对其财务有利时股东将关闭或者出售书店。科林·迈耶公共有限公司可以通过重新聘用我作为CEO并赋予我继续经营或者关闭书店的决策权来克服这一问题——我对书店的情感将再一次超越纯粹理性的价值主张。然而，当存在恶意收购和股东积极主义的载体时，即便是为其他利益相关者提供感情支点的这一能力也失去了。

这与公司的第二个特征，即一种控制机制有关。既然资本对做出承诺的过程如此关键，一些拥有很好的财力与智力的人比起其他不具备这些优势的人更能做出可靠的承诺。资本投入的不足是个人从商品市场、就业队伍、金融市场以及一般性经济活动的参与当中被排除出来的一个主要因素。大部分人不仅没有可以去随心所欲花费的资源，而且没有向他人彰显承诺的资本，从而不能获得机会去从事使他们摆脱当前贫困状况的经济活动。他们被锁进一个世界里，在那里他们不能可靠地传递出渴望贡献社会而非向社会索取的信号。用经济学的术语来描述就是："信贷约束""无法使其名义需求有效""气馁的工人""失业者"，或者只是简单的"运气不好"。

诸如有限责任公司和公共有限公司这样的机构所做的是让人们能够从经济排斥中逃离出来。它们通过增强那些为其工作的员工、向其供货的客户或者向其购买的顾客的潜力，限制他们未来的选择范围，使其做出可靠的承诺来实现这一点。这些机构是限制了人们可能的行为路径的控制装置，没有它们人们就无法约束自己不去从事对他人不利的活动。它们的做法是限制人们的行动及脱离方式，通过规则和惯例对人们的选择、取舍及流动性做出限制。通过这种行为限制方式，这些机构鼓励其他人做出承诺（没有限制，这些承诺将不会实现），从而提高而非削弱了那些它们限制其行动的人的当前能力。

科林·迈耶公共有限公司的员工就是一个很好的例子。如果劳动力市场很活跃，对员工来说在任何时候都很容易找得另一份工作，那么就是企业而非员工面临风险了。如果员工没有展现承诺，那么当有现有员工辞职时，公司因训练新员工而产生的成本可能就很高。目前的情况是，潜在的员工为了获得工作而想要彰显承诺，但是他们单靠自身做不到这一点。企业提供了一种实现方式，在财务上它可以延期支付员工工资，使员工在企业收回培训投资之前提早离开成本很高，从而来实现员工的承诺。或者，企业也可以从自身出发为在企业就业赋予价值属性，反映出员工与企业目标和价值观之间的牢固关系，并以此来鼓励承诺。有限责任公司以及公共有限公司两类企业控制其员工的关键所在都是员工对企业相应的信任——相信企业不会由于从事不计后果的投资等而剥夺他们延期支付的工资，并相信它真的会坚持所追求的价值观。这也就是为什么在企业中承诺和控制的平衡对其成功经营如此重要。

公司可以同时彰显承诺和控制。随着员工从公司中不断获得经验和声誉，他们被允许的活动自由度逐渐增加。他们对公司的承诺可以通过将他们的累计收入递延到未来而得到巩固。但为了接受这一点，他们必须相信公司不会将之浪费或者没收。因此，公司所有者承诺能力的下降极具破坏性，它意味着那些本来愿意展现承诺的人将会放弃这样做。近年来高管薪酬的增长是高管对公司照顾他们的长期利益缺乏信任的表现。固定收益退休金计划的溃败证明了他们的不信任是合理的——公司在盈利的时候减少缴费（"退休金假期"），在利润较低的时候不再缴费，已经系统性地侵蚀了退休金计划。

公司不断改变的性质意味着它已经越来越少地作为一种承诺机制，而越来越多地成为一种控制机制。我们有充分的理由不再信任由公司来保护我们的利益，因为公司不能够再按照过去的方式来提供承诺。过去，资金来源于本地的银行，所有权集中，资本投入是永久性的，并且高管可以维护其他利益相关者的利益。

我们必须重视公司的价值观并相信公司会秉持这些价值观，即便面对逆境时也是如此。为了能够做到这一点，公司需要对自身的命运有控制力，能保护自己免受试图影响它的外部力量的侵袭，包括所有者。公司需要价值观，也需要能够在这些价值观之上实施自我管理。

原则上这就是机构能为我们的福祉作出的非凡贡献，但在实践中，它们当然极有可能做出完全相反的行为。历史上不乏一些机构奴役、征服和迫害那些它们对其行使权威的人，而不是使这些人获得自由和富裕的事情。从政府到宗教的各种机构经常以个人和社会幸福的名义，通过剥夺自由和限制选择，做了更多削弱而非加强个人能力的事情。因此，它们威胁着而非保护着我们的自由和繁荣。

这正凸显了公司的优势所在，因为它提供了个人进行选择的可能性，而其他机构难以做到。员工可以选择为哪家公司工作；客户可以选择从哪家公司购买产品；股东和银行可以选择投资于哪家公司；社会可以选择它们想要支持和限制哪些公司。如果选择遵守公司所规定的限制，那我们就可以加强我们对他人幸福的承诺，而避免其他机构所施加的对自由的剥夺。自愿地同意限制我们的自由以在未来达到预期的结果，与非自愿地剥夺我们的自由而对我们的现在和未来都没有任何好处，二者是有区别的。

这个区别很重要，它意味着公司比包括政府在内的其他机构具备更大的潜力，因为它能建立我们个人所无法彰显的承诺。然而，为了使它的这个作用得到认可，公司必须阐明和坚持崭新的价值观，而它要比我们迄今为止所拥有的价值观都让人感觉更舒心。

◉ 第 2 部分总结： 为什么会发生

一些国家的公司从封闭持股、家族所有逐渐演变成所有权高度分散、主要由机构持有的经济实体。这种演变是在公司成长的过程中，随着公司通过发行股票为其活动融资出现的，尤其与由股市出资进行收购所带来的企业增长相关。这种变化的出现，造成了公司所有权与控制权的分离，从而削弱了公司的治理和管理层的责任。

公司控制权市场和股东积极主义作为纠正这种失败的机制而出现。它们为目标公司的股东带来了巨大的利益，而且允许股东绕过管理层去实施更有利可图的策略。然而，这些都是有代价的，即削弱了公司向其他利益相关者提供承诺的能力。

能够提供承诺的好处在于它让别人产生了信任，他们反过来愿意做出投资和牺牲，但在缺乏此类承诺的情况下他们就不会这么做了。通过分离公司的所有权和控制权，股东可以授权给董事，后者可以向其他方提供股东自己愿意但无法可信地做出的承诺。公司作为一种独特的法律实体，其重要性在于它有能力以一种其他组织做不到的方式提供承诺。

银行融资对此至关重要。对于希望保有公司控制权的所有者来说，它是一项主要的资金来源。在容易获得银行融资的地方，如 18—19 世纪的英国、美国以及世界上的许多其他国家，允许公司不分散其所有权就能获得增长；而在银行融资受到更多限制的地方，如 20 世纪的英国，股权市场提供了替代性的资金来源，从而分散了创始家族的所有权。分散所有权的好处是限制了家族对公司的商业活动可能造成的破坏性影响，但是也破坏了家族提供长期承诺的能力，这种承诺是分散的不披露身份的股东所无法提供的。

承诺和控制是公司的核心问题，实现两者之间正确的平衡对公司获得成功起着关键的作用。迄今为止，商业或经济历史学家很少关注使两者达到平衡的因素。这是一个严重的疏忽，因为政策无论朝哪个方向转变都可能造成广泛影响，不理解这一点将可能带来难以预计的后果。举一个例子，为应对银行的财务困境而推动了银行间的合并，但却对它们的中小企业融资产生了不利影响。为了纠正所有这些错误，我们不仅需要理解其深层次的原因，而且需要察觉到公司拥有解决我们迄今尚未能解决的各种问题的一切潜力。

第3部分

我们该怎么办

第8章 价值与价值观

本章包括：我们应该评估公司的哪些方面以及如何衡量；是结果而非目标的股东价值对企业和产业表现的潜在不利影响；公司财务结构的相关性；股息的重要性；有限责任对股东承诺的限制；合并以及所有权与控制权分离对于捍卫公司价值观的重要性；公司形式多样性的好处，以及监管可能会对其造成的破坏；系统性风险背景下监管的必要性；作为成功指标的公司寿命与生存。

第9章 治理与政府

本章包括：信托企业；它在实施治理和保护利益相关者方面的作用；信托企业与现行组织及其所属环境之间的关系；股份到期与股东承诺；平衡承诺与控制的必要性以及其对不同类型股份的影响；公司的公共目的以及信托企业如何实现该目的；公地悲剧以及信托企业的解决办法；信托企业对经济发展的重要性；对手机货币成功的反思。

第10章 没有结局

本章包括：公司的超道德本性，以及价值观的重要性；在价值观的捍卫方面，董事会可以发挥出怎样的作用；股权结构和长期利益；公共目标与对我们遗产的保护；本书中的建议应如何被审视、传播和实现，以及它们对实践者与政策制定者的意义。

第 8 章
价值与价值观

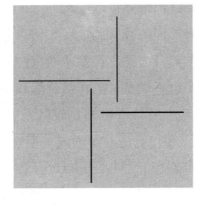

> "犬儒学派者，是一群只知所有东西的价格而不知其价值的人。"
>
> 奥斯卡·王尔德

◉ 死亡的价值

1987 年，杰里米·爱德华兹（Jeremy Edwards）、约翰·凯（John Kay）和我共同出版了一本书——《会计盈利能力的经济学分析》[1]——因为书名吸引力很有限，它没能被摆放到机场的书摊或登上畅销书排行榜，这也许并不奇怪。

尽管如此，它却对英国的政策制定者如何思考企业业绩，以及如何通过利润与价值监管公司、控制垄断权滥用都产生了重大影响。该书直接提出了以下观点：公司的价值和利润没有绝对的意义，只有与其他明确定义的事物相比较其意义才可以得到体现。一家公司的绝对价值并不比一幅画或一所房子的价值更多。在米尔顿凯恩斯地区购买 32 个 Maynard Close 微型公寓的价值和在附近另一个地区购买 16 个 Maynard Close 微型公寓或者一座大房子的价值大致相当。在监管与反垄断调查的情况下，我们认为最相关的比较标准是进入和退出一个行业的成本和价值。

股东价值的一个既定优点是它是可衡量和精确的。它不像利益相关者价值那样，由于试图去追求经常发生冲突的多重目标而产生混乱。所有人都可以从股市以及公司账目上看到企业的价值。相比之下，当我们衡量其他利益相关者附加给企业的价值时，却没有可供观察的基础。

事实上，人们对股票市场价值的依赖是具有欺骗性的。股票市场价值基于大量投资者的评估，并不能因此提供特别的可靠性。相反，一大批人对公司不确定的长期盈利前景的评估结果很可能是特别主观的，正如行为经济学文献所指出的那样，容易出现系统性的偏差与错误。

市场价值为投资者提供了信息，帮助他们评估和比较投资某一家企业相比于投资另一家企业或另一个风险相同的证券所带来的收益。它在评估投资者如何应对一家公司的新消息方面尤其有用。例如，一些研究调查了股票市场对企业 CEO 意外去世消息的反应，发现股市在面对这些消息时经常会做出积极的反应。[2] 如果 CEO 们知道他们的英年早逝至少会给其投资者带来欣喜，他们一定会得到慰藉。事实上，考虑到他们对股东的受托责任，也许仪式型的自杀应成为对 CEO 们的法定要求。

即使市场估值是准确的，也无法基于企业的目标来证明它是合理的。市场估值所提供的对未来公司前景的指导，至多应等同于英国长期天气预报对度假愿望的引导，它对公司如何分配自身资源的控制也就至多应与气象局对旅游者在哪里度假的控制一样。我们应该从另一端开始，即确定希望公司做什么，然后建立起评估其表现的指标。毕竟，正如约翰·梅纳德·凯恩斯（John Maynard Keynes）的一句名言所说："模糊的正确好过精确的错误。"[3]

◎ 社会价值

第二次世界大战一个影响最持久的遗产就是 20 世纪 80 年代英国撒切尔政府所启动的私有化计划。曾属于公共部门的英国经济被大量出售给私营部门。英国的私有化计划是世界范围内类似计划的缩影。如同欧洲以及最引人注目的东欧和北美的私有化进程一样，非洲、亚洲和南美洲也都展开了私有化。

一旦转为私营部门，曾经的公共企业就要受到监管。监管被设计用来确保在行业中有时处于垄断或寡头垄断地位的私营企业不会通过收取过高的价格来剥夺客户的利益，并会提供预期的服务质量和数量。监管机构必须解决的问题是应决定鼓励私营公司从事哪些活动，以及由于提供这些服务应如何奖励它们。一个新的行业——监管部门和监管机构——被设计出来用以解决这些问题。

为所提供的服务赋予价值是关键所在。绝大部分服务是基于成本的——为一个国家的人口提供电、气和水等公共服务所预计的最低资本和运营支出——然后根据预计的需求水平正好覆盖掉成本来估算出单位价格。资本市场给提供这些服务的公司所赋予的价值反映了它们可以按低于或超过预计成本多少的价格来提供服务。本质上，由于监管部门决定了公用事业企业预期提供服务的数量和质量的社会价值，所以企业寻求以最低的成本提供服务。

这种做法的主要缺陷在于其实际的执行。正如第4章所描述的，监管部门和公司的分离不断地将监管机构置于与被监管公司相冲突以及信息不畅的境地。降低私有化的公用事业部门的经营成本相对容易，困难的是确保它们一方面对未来充分投资，另一方面不以牺牲客户的利益为代价而过度投资于过高的标准或者产能。尽管如此，公用事业部门已经很好地建立起评估服务并确保有效交付它们的方法。

除此以外，衡量社会价值的尝试很少成功。环境污染就是最不成功的情况之一。几乎没有任何关于预计公司活动的环境效应并为其赋值方面的建议。决定未来的可能影响是困难的，为其赋值则更加困难，几乎无法给出合适的将未来成本折算为现值的折现率。所以对环境恶化的估值极其主观，而且达到某种要求的精确度是不可能的。因此，本质上讲没有机制能够保证公司将环境成本的影响完全计算在内。

环境估值失败的原因在于其出发点与公用事业监管的出发点截然不同。它并非从规避污染成本的角度看问题，而是试图为污染的影响赋予价值，这注定会失败。一个更加可行的方法是将公共政策定义为对环境没有净影响，或者最多增加 10%～20% 的微粒排放，然后确定以最低成本实现这一目标的方法。换句话说，价值不应该通过对未来环境成本不可靠和主观的折现来定义，而应通过可以避免特定污染程度所需要的最低成本来确定。

用我们"自然资本"的例子——世界生态系统的存量——可以说明这种方法的运用。应该怎样评估我们的植物、野生动物、鱼类、空气和河流？应该如何看待生态系统的多样性？应该怎样确保它们是可为继的并会得到持续的补给？迄今为止，我们并没有这样做，而是只顾消费，好像它们是免费品，对它们的开发不会产生什么后果；只要它们的损耗率是适度的，那这一假设可能就是合理的。但是，这一情况已不复存在了，我们未能考虑到世界自然资本存量的损耗，而这正对我们的幸福和子孙后代的生存带来毁灭性的影响。

为了制止这种滥用行为，有人建议我们应着手将自然资本的价值与人造资产例如建筑、设备和基础设施的价值一同计入国民账户中。[4]他们认为，通过这样做，我们会认真考虑自然资源以及为了其他用途而去开发它们的成本。尽管在原则上这似乎值得称赞，但它有两个严重的缺陷：第一，对自然资本的估值是非常主观和有争议的。你我对保护苏门答腊犀牛的估值可能完全不同，而且我们的估值又与世界其他地方的人，或者其他时代的人所做出的估值不相同；第二，自然资本估值的反对者担心它会将生态系统本应免受的威胁合法化，即将自然资本视为一种适销的商品，可以为其他用途而以适当的价格对之进行消费或者转移。

另一方面，由于我们未能对生态系统负起责任，因此显然没有很好地为其服务。一个更恰当和实用的方法是决定维护生态系统、避免其退化和遭受破坏的成本是多少。我们要花费多少资金去保护物种、保留雨林以及保持我们的河流、湖泊和海洋清洁？一致的看法认为，这些都是可量化的数字。此外，人们不认为这些资产的价值可以通过转移至其他用途或其他所有者来加以实现。他们承认与私人产品不同，自然资本既不能转让给其他所有者，也不适合进行强制性的法律财产索赔。而且，与国防、公园和治安等公共商品不同，自然资本纯粹地说甚至是不可控的，无法因人类的干预行为而得到改善。相反，它容易受到忽视和压榨，需要得到维持和保护。维护生态系统所需的成本恰当地对确保实现其所需要的资源进行了估值。

另一个决定社会价值的例子是在医疗服务中引入"按结果付酬"的建议。该建议试图评估公共健康服务，根据实测的业绩表现奖励贡献者，比如治疗吸毒者毒瘾的成功程度。事实上，它会产生一系列意想不到的不良后果，例如专注于治疗毒瘾相对较轻而非较重的患者。相反，关注重点应该再次回到明确所应提供的服务以及提供合理期望的服务所需的最小成本，而不是通过为某种特定的结果赋值来进行激励。

在上述所有例子中，对那些超出正常市场活动的服务进行合理估值是完全可行的。一旦定义了所寻求的服务，就完全可以这样做。事实上，估计污染减排或医疗保健服务的现行成本比估计反映在公司股票价格上的未来盈利预期的折现值可靠性要更高。如果以可衡量性与精确度作为相关标准，我们都应该是利益相关者经济而非股东经济的拥护者。但它们并没有成为我们的考量标准，难点不在于确定传统上被视为不可衡量的活动的价值，而在于确定我们所真正重视的东西。到目前为止，一些国家在这一点上似乎非常失败，有两个例子可以说明个中缘由。

◉ 共同的价值观

在英国的工业史中，没有比阿诺德·温斯托克（Arnold Weinstock）更受人敬仰的人物了。1954 年，他加入无线电联盟工业公司（Radio and Allied Industries），凭借对削减成本和提高生产率的全身心投入，温斯托克将其转变为英国最为盈利的电视机制造商之一。当英国通用电气公司（General Electric Company）于 1961 年接管无线电联盟工业公司时，温斯托克成为英国通用电气的主要股东，1963 年他被任命为执行董事，并在此职位上一直干到 1996 年才退休。

1967 年，在英国政府的支持下，为创建一个电子工业巨头，英国通用电气接管了联合电气工业公司（Associated Electrical Industries，AEI），其后的一年又接管了英国电气公司（English Electric），从而与美国的通用电气公司、荷兰的飞利浦公司以及德国的西门子公司、AEG 公司齐名。理性的并购促成了利润的惊人增长。

> 秘诀就是先看市场将为一件产品支付多少费用，再看是否可以按此价格制造。然后你可以通过挤压供应商、批量生产和减少人力，算出可以降低多少成本——这就是你的利润。[5]

1989 年，与西门子一起，英国通用电气策划了对英国一家主要电子公司普莱西（Plessey）的恶意收购。当温斯托克于 1996 年退休时，英国通用电气的年销售额达到 110 亿英镑，利润超过 10 亿英镑，现金储备为 11 亿英镑。他的继任者乔治·辛普森（George Simpson）受到股市追捧电信业的鼓舞，偏离了公司的传统防务业务，而在美国进行了两次与电信业有关的大型收购。为了显示与过去相脱离，它更名为马可尼公司（Marconi），到 2000 年科技泡沫破灭前，该公司的股票市值不断飙升。但科技泡沫的破灭使公司背上了沉重的债务并陷入危险的财务困境。在勉强避免了破产之后，它步履维艰，直到大部分资产都被出售给了瑞典的爱立信公司（Ericsson），只剩下了 Telent 公司。Telent 公司于 2007 年退市，成为一家私有公司，这是曾占世界主导地位的英国通用电气的唯一残存。其余的电子公司——Ferranti，Racal 和 Thorn-EMI—— 走上了同样的道路，其中，在 20 世纪 90 年代早期从 Racal 公司中分离出来的移动电话服务提供商沃达丰（Vodafone）成为最受瞩目的幸存者。

温斯托克做得非常出色的地方是对一个极其缺乏控制的行业施加了金融控制。他未能实现的愿望是在他所策划的大型收购的基础上建立一个主导世界的公司。他为股东创造了巨大的金融财富，但是金融堡垒的成功并不等同于由他领导的英国通用电气的成功。

阿诺德·温斯托克的故事只是在英国各地所发生的相同故事中的一个。伦敦金融城作为英国工业的救世主促进了 20 世纪 60 年代的企业集团合并、80 年代的集中化和分拆、90 年代的科技热潮，以及 21 世纪初的科技泡沫破裂。实际上，相比许多商业伙伴及他的继任者而言，温斯托克对股票市场和股票价格怀有更少的敬畏，但即便这样他也不可能忽视二者的巨大影响力。

在美国与阿诺德·温斯托克相对应的人物是美国通用电气公司的杰克·韦尔奇（Jack Welch）。在 1981 年韦尔奇成为 CEO 的前一年，美国通用电气的收入为 270 亿美元；而在他 2001 年离职的前一年，美国通用电气的收入增长至 1 300 亿美元左右，在此期间公司的市值近乎增长了 30 倍。1999 年，杰克·韦尔奇被《财富》杂志誉为"20 世纪最佳经理人"。

与温斯托克一样，韦尔奇的成功在很大程度上源于专注于成本和效率，为此他赢得了著名的"中子弹杰克"（Neutron Jack）绰号——参考中子弹所具有的消灭人类而使建筑物完好无损的力量。特别是，美国通用电气在控制营运资金的成本上远比其劲敌美国西屋电气（Westinghouse Electric）更为成功。[6]两者差距显著，在韦尔奇的任期内美国通用电气的财富大幅增长，而美国西屋电气却在 20 世纪 90 年代背上了大量的债务，遇到了严重的财务困难，逐步出售了所有与之前收购相关的产业，包括美国哥伦比亚广播公司（CBS）等一批媒体公司。2000 年，哥伦比亚广播公司被另一家媒体公司维亚康姆（Viacom）收购，不再是一家独立的企业。

由此可见，英国和美国电气电子工业的成功很大程度上取决于其控制成本及 CEO 予以执行的能力。尽管这显然很受它们持股群体的欢迎，但产业成功的秘诀并不必然是成本控制。在创造股东价值方面，温斯托克和韦尔奇在其产业的发展中与先后出现在日本、韩国以及近来中国的新兴巨人相比都黯然失色。这些国家的公司与它们英国和美国的同行公司相比所关注的重点十分不同。

在一项对法国、德国、日本、英国和美国 50～100 位中层管理者进行的调查中，研究者评估了这五个国家的人们对其公司宗旨和政策的意见。[7]在英国和美国，分别有 71％和 76％的受调查者认为企业的运行是为了股东而不是更广泛的利益相关者，但是这一比例在法国、德国、日本分别只有 22％，17％和 3％。因此，不同的国家对公司宗旨的看法非常不同，对公司政策的看法也是如此。在回答他们的 CEO 是否认为维持股息比留住员工更加重要这一问题时，英国和美国均有 90％的受调查者认为 CEO 把股息看得比就业重要，而在法国和德国均有 60％的受调查者，在日本有 97％的被调查者认为其 CEO 把就业安全看得比股息重要。[8]

英国和美国的 CEO 们把股东放在其他利益相关者之前，并把股息放在就业之前，这是不同寻常的。他们的公司专注于成本削减和财务业绩，这一共同的价值观不被其他地方的对手公司认同。在大部分国家，CEO 们所担心的是企业的成功；而在英国和美国，人们担心的是财务业绩。

英国和美国对财务业绩的专注是错误和有害的。股东价值是一种结果，而不是一个目标。它不应该是公司政策的驱动力，而应作为公司政策的一个产物来对待。根据公司的股价来设定它的目标就像是基于一个人的体温来决定他的生活方式和药物治疗方法。如果试图将体温永远维持在 37 摄氏度，你一定会生病。即使让自己浸没在液体里或忍受冰冻环境没有对你造成严重的身体损害，你肯定也会因为对体温计的神经质关注而承受巨大的心理伤害。

公司的股价只不过是公司业绩一个局部和不精确的计量器，如同体温计一样，应该偶尔查看一下，但更多的时候应被忽略而非经常地测量。就连杰克·韦尔奇这样的人物在2009年3月《金融时报》对他的采访中谈到金融危机时也承认这一点："从表面上看，股东价值是世界上最愚蠢的想法。股东价值是一种结果，而非一种战略……你主要的拥护者是你的员工、你的客户和你的产品。"也许不是所有当时为杰克·韦尔奇工作的员工都认可这一点，但事后来看，至少这就是"中子弹杰克"宣称要去做的事情。

然而，在个人对体温计的关注与公司对股票价值的关注二者之间存在一个重要的区别。我们可以自由地忽视体温计，一名CEO不能同样自由地忽视公司的股票价格，至少在英国不行，在美国有时候也不行。这就如同死神在CEO们的头顶上徘徊等待时机，一旦他们允许其身体的温度偏离37摄氏度就进行猛扑。死神就是公司的捕食者，即收购方，他们在观察着企业股价的微小背离，这正是他们视为可以对毫无戒备的目标管理层发起恶意收购的可行机会。不管你喜欢与否，英国的CEO们，包括有时候美国的CEO们别无选择，只能持续、狂热地担心其公司的股价。这就是为什么英国和美国的中层管理者完全有理由认为他们的CEO所关注的问题不同于其他国家的CEO所关注的问题。驱使英国和美国的CEO们去关心股息的部分因素是他们所受的教育。

◉ 追根究底

"在所有社会科学中，哪个命题是既重大又正确的？"面对来自著名的波兰数学家斯坦尼斯劳·乌拉姆（Stanislaw Ulam）的挑战，诺贝尔经济学奖得主、经济学家保罗·萨缪尔森（Paul Samuelson）最终给出的答案可能会是国际贸易的比较优势原则——一个国家即使在任何活动中都没有绝对优势，通过专门从事那些有比较优势的活动仍可获得贸易收益。"这一命题的逻辑正确性无须在数学家面前争辩；这不是一个简单的理论，成千上万名重要且智慧的人士已经证明了这一点，他们自己从来都无法掌握或者在听取解释之后仍然不能相信这一思想。"[9]

我们将同样的问题引入金融领域，面对斯坦尼斯·乌拉姆的挑战，另一个强有力的回应是资本结构的不相关性，这一命题由诺贝尔经济学奖得主、经济学家弗兰科·莫迪利安尼（Franco Modligliani）和默顿·米勒（Merton Miller）提出：在特定条件下，企业的价值不受负债、权益融资或者两者共同构成的资本结构的影响。在其假设前提下，经由事实证明该理论逻辑上是正确的，自被提出以来 50 多年的时间里，都没有发现谬误。这一命题并不简单，可由以下事实来证明：各行各业绝对聪明的男女，即便坐在课堂里聆听了几个小时的耐心讲解后仍无法理解这个理论。作为一位金融学教师，我可以保证这后一句话的真实性。

听众无法掌握该命题的部分原因可能是他们不愿意这样做。宣称他们为公司赚取了难以想象的财富是毫无意义的，这不是一个能让人立即喜欢上的主张。既然命题假设的逻辑推导无可争议，那么他们更愿意设法去诋毁这些假设。这一点不难做到，因为假设从字面上理解是很苛刻的。然而，关于公司融资对企业的价值并不重要的命题，其重要性较少地源于其正确性，而是更多地源于识别它所适用的情况。人们很容易理解艾萨克·牛顿关于摩擦会削弱实际应用效果的定理，但是如果不理解莫迪利安尼和米勒的无摩擦世界，他们就不可能理解摩擦的意义。莫迪利安尼和米勒定理阐明的是摩擦对于公司选用的实际融资形式的重要性。

第一种摩擦是税收。当不存在税收时，融资结构不影响企业的价值。但是如果税务机关将一些融资形式与另一些融资形式区别对待，那么大量的资源将不可避免地被投入到那些获得更好税收待遇的融资形式上。举例来说，与对股东进行股权融资所分配的等额股利相比，全世界的税务机关都对银行贷款和债券等形式的债务借款的利息支付给予更为优惠的待遇，因此造成了一种强烈的去优先利用债务而不是股权的税收激励效果。

大量分析表明，尽管税收在原则上很重要，但它们不能对世界各地的企业所选择的资本结构给予充分的解释。莫迪利安尼和米勒的理论所强调的第二种摩擦是投资者缺乏企业正在做什么的相关信息。如果投资者难以准确评估他们所投企业的未来潜在业绩，那么通过企业所选择的资本结构传递出来的信息将影响它们的股票市值。例如，企业支付给股东的股息占收益的比例被认为反映了管理者对公司未来前景的乐观程度。同样，虽然这貌似合理，但它充其量只能部分地解释企业的融资结构。

自莫迪利安尼和米勒的理论第一次被提出以来已经过去50多年了，尽管人们已在研究企业的财务决策方面做出了巨大的努力，但是在企业做了些什么和它理应去做什么之间仍然存在根本的矛盾。

◉ 股息难题

20世纪80年代伊始，英国陷入了严重的经济衰退。在英国所有工业公司中，帝国化学公司（Imperial Chemical Industry）可能是最杰出和成功的。在其鼎盛时期，它是英国最大的制造公司，并被认为是英国经济的领头羊。所以当经济衰退袭来时，帝国化学公司的收入下降并出现了资金短缺的现象，这不足为奇。因此，它试图将稀缺的盈余更大比例地留存在公司，并支付给股东较少的股息，这一做法也是可以理解的。

也许你会这样想，其股东却并不同意。帝国化学公司宣布削减股息的公告给伦敦金融城带来了冲击，它的股价暴跌，并在十年的大部分时间里被阻止进入股票市场筹集资金。十年之后，它遭遇了大举兼并的收购者汉森公共有限公司（Hanson plc）的恶意收购。由于缺乏资金，它逐步出售了药物部门及商业化学品业务，最后仅剩下多乐士（Dulux）涂料生意。然而，2007年多乐士也被卖给了荷兰的阿克苏·诺贝尔公司（Akzo Nobel）。

"股东是愚蠢和莽撞的。愚蠢是因为他们将钱交给了其他人，却未能对钱的用途进行有效的控制，莽撞是因为他们要求用股息作为他们愚蠢行为的回报。"著名的德国银行家卡尔·菲尔斯腾伯格（Carl Fürstenberg，1850—1933）用如上话语对股东进行了抨击，并对一直坚持到今天的公司股息政策提出了质疑。

为什么企业要支付股息？为什么他们在向股东支付股息的同时又从同样的股东那里筹集新股本？这导致公司为了发行新股而付给投资银行大量的费用，股东股息需要缴纳所得税，而本可以简单地将股息留在公司。既然股东拥有企业，他们就拥有公司以他们的名义留存的收益。因此，他们不应该关心钱是留在公司还是支付给他们，而应该在企业需要资金时阻止其通过支付股息而给股东带来不必要的所得税或者给企业带来不必要的费用。

莫迪利安尼和米勒的理论以及整个现代公司金融的基础，就是对公司所有者，即股东的直接识别。它不只是按照股东的利益来运营公司，公司就是其股东的。股东拥有公司，因此为公司活动融资而留存的收益是股东的财产，这与他们生活用的、驾驶用的、睡觉用的财产没有什么区别。是否由公司代表股东持有财产实际上没有什么区别；财产就是他们的，只不过是委派给他们认为特别能干的人去管理。

本书的基本主张是，莫迪利安尼和米勒的理论从根本上是错误的。通过设计以及法律构建，公司是一个与其所有者相分离的实体，就像你和我是不同的一样。好比你作为我的员工或供应商，我可能对你拥有一定的法律权利，公司作为我的财产，我也拥有一定的法律权利。但是我的权利被故意限制了，因为如果它们不是故意被限制，那么建立一个公司制企业而不是一个非公司制企业就显得毫无意义了。这就颠倒了第 2 章所述的股东价值要求管理者维护弱势股东利益的基本前提。独立法律建构的合理性在于其创造了若没有它将不存在的机会，正如你的独立存在创造了如果我们是同一个人时所不存在的机会。

特别是，公司的独立存在允许其所有者向其他人提供没有公司就不可能做出的承诺，其中一些是契约性的，但大多数不是。公司的独立特性为那些非契约性的承诺提供了一个基础，所有者可以基于它做出离了它将不可信的承诺。

公司和其所有者之间的这种区别对于公司活动的各个方面，包括融资，都有着根本性的影响。以股息为例，既然公司是独立于其所有者的法律主体，那么留存在公司的就不等同于股东所拥有的，任何你所有范围之外的东西都是我的财产。这不是公司的一个畸变或缺陷，而是相当刻意的安排，以允许股东实现特定目的，如果没有公司这个目的将无法达成。

一旦公司与所有者的分离得到了认可，那么股息政策的重要性就变得显而易见了。减少股息以及增加新的股本现在已不再是增加公司资本来源的等效方式。留存收益处于公司的控制之下；新的股本来自股东控制下的资金。公司的股息支付得越多，它就需要越频繁地回到股东处进行股权融资，就有越多的控制权转移给股东。[10]

从投资者对管理不善的公司行使控制权的方式上可以反映这点。为应对财务困难，需要从债权人或股东处筹集额外资金时，干预通常就会出现。[11]在这种情况下，投资者的力量源于他们有能力提供新的融资，条件是管理层要采取投资者所认为的必要改变措施以改正不良的业绩。投资者手中的控制权越多，公司手中的控制权就越少，公司能够可信地给予其他方的承诺就越少。

我们可以用科林·迈耶公共有限公司的例子来做解释。公司拥有 15 万美元的债务和 15 万美元的权益，员工所面临的风险为 3 万美元。迄今为止，管理层坚决抵制实施为股东赚取 50％预期回报率的高风险投资。但是管理层现在决定将股本用于股息支付或用来回购其股份。毕竟，它是股东资本，根据莫迪利安尼和米勒的理论，无论是在股东手中还是留存在公司里，并没有区别。既然已经支付出去了，管理层就试图以增发股份的形式来筹集股本。股东会予以认同，但是仅当公司实施的高风险投资使股东明显受益时他们才会愿意这样做，哪怕会威胁到债权人和员工的利益。股东能够可靠地向其他利益相关者展现承诺的能力深受公司股利政策的影响，而且被股息和新发行股本二者似乎良性的资金循环破坏了。

这只是关于融资政策如何影响公司对其他利益相关者承诺的一个例子。最引人注目的情况出现在最近的金融危机之中。

◉ 回归资本结构

2000—2008 年间，英国的四家主要银行（巴克莱银行、汇丰银行、劳埃德银行（Lloyds）和苏格兰皇家银行）资产负债表上负债对股本的比率从 16 倍翻番到 32 倍。[12]银行保护自己免受危机冲击的缓冲垫被侵蚀了，当 2008 年的金融危机发生时，它造成了毁灭性的后果。为什么银行会允许这种情况发生？

公司资产负债表上的股本金额是其应对财务困境的一个重要决定因素。股本的比例越大，资本投入公司的程度就越深，对负面财务影响的免疫力就越强。大量的债务和少量的股本（高水平的杠杆）使公司因缺乏足够的资本而面临财务失败的风险，进而使利益相关者面临公司停业的风险。

在科林·迈耶有限公司的案例中，公司的杠杆水平——负债对股本比率——是 1：1（负债和股本分别是 15 万美元）。在这种资本结构下，从股东的角度来看，高风险投资提供的诱人前景是 50％的预期回报率。如果公司通过发行股份，用股本替代债务融资（银行贷款和债券），那么将不再是这种情况。如果公司全部是股权融资，那么投资将具有相当大的风险性，并向股东提供预期为零的回报。因此，该投资将被股东拒绝。另一方面，如果像银行一样，公司 90％的债务融资即 27 万美元是由银行贷款和债权资本构成的，那么股东预期收益将从 50％上升至 450％——9 倍之多——因为股东用之前投入的部分资本获得了同样的收益，而使更多的负债面临损失的风险。

高杠杆公司有更大的动机鲁莽行事。不仅是债权人，其他利益相关者也会受到它的负面影响。相比于无杠杆的公司，员工将自己价值 3 万美元的脆弱就业机会托付给 90％债务杠杆率的公司的意愿要小得多。他们将正确地感知到，与低杠杆公司相比，在高杠杆公司中股东对保护他们的生计提供了更低水平的承诺。[13] 以莫迪利安尼和米勒模型中的公司视角来看，无论是作为科林·迈耶个人还是作为科林·迈耶有限公司，借入 15 万美元没有任何区别——总体上我的杠杆率相同，或者直接地通过个人账户，或者间接通过我的公司发挥作用。但从员工和其他利益相关者的角度来看，这种区别是极为重要的。公司的债务会影响他们的生活，而我个人资产负债表上的债务却不会。[14]

杠杆影响着利益相关者对公司的忠诚，因为它决定了资本投入的深度。[15] 相对于股本，公司如果有太多的负债，财务上就会极其脆弱，难以维持与其他方的可靠利益关系；如果债务太少，就会极易受到其他方的伤害，例如面对工会时受其摆布。[16] 因此，一个最佳比例的股权资本能够反映公司应向其利益相关者提供的资本承诺。[17]

随着 1986 年英国的金融大改革（Big Bang）消除了股票经纪和做市之间的隔离，以及 1999 年美国废止《格拉斯-斯蒂格尔法案》（Glass-Steagall Act）消除了商业银行和投资银行之间的隔离，20世纪90年代至21世纪初迎来了投资银行快速扩张的阶段。相对于传统的商业借贷获利，基于费用获利的交易活动有所增加。投资银行相比于商业银行涉及较短期的客户关系，需要更少的资本来保护客户。因此，作为银行业构成发生变化的结果，杠杆的作用自然增强。[18]但是当金融危机来袭时，不仅投资银行业遭受到攻击，还导致了商业银行的失败。

从其自身来看，企业与不同程度承诺的结合不是一个问题或异常现象。它经常发生在经营着多个行业的集团中，一些银行通过保持独立的商业银行业务而选择不跟风做综合银行业务。使得银行业与众不同的是金融机构之间的相互联系程度。在金融危机之前，银行资产负债表中近2/3的快速增长是由银行间拆借而不是向经济中的其他领域贷款带来的。[19]

因此，商业银行资本承诺的减少对于整个金融体系以及单个机构的投资者都产生了严重的国内及国际影响。大型综合银行的失败对国家金融体系的威胁意味着它们实际上不可能被允许失败（当然雷曼兄弟的情况除外），其灾难性的影响使得失败重演是不可想象的。它们受到了政府的保护，政府动用公共财政耗费巨资将其保释出来。实际上，公共部门通过存款保险和美国的问题资产救助计划（Troubled Asset Relief Program）这样的救助资金向银行提供资本承诺，这些公共承诺代替了私人承诺，从而导致私人领域资本的撤走。

为了规避这种私人承诺的"挤出效应"在未来再次发生，需要政府停止做银行和股东的担保人，从而使银行和股东恢复正常的功能。公共承诺具有保护金融体系的作用，但只针对系统性的故障而非那些单个机构的失败。要求银行持有充足的资金以消除它们个体失败的风险使得它们过多地受到其利益相关者，特别是借款人的影响。正如后金融危机时期所出现的局面所示，这种做法因此导致了银行从企业撤回所提供的贷款，从而给经济活动造成了破坏性后果。

对于承诺而言，不仅债务的数额很重要，债务的形式也很重要：企业的借款来自当地银行（向借款人做出承诺）、国际银行（不向借款人做出承诺），还是债券市场（向借款人做出的承诺特别脆弱）；企业的借款是短期的、不用通知就可撤回的，还是长期的、无法撤回的；当通货膨胀率和利率较高时，是提前在前些年偿还贷款，还是通过与价格水平挂钩的方式推迟到后些年再偿还贷款。因此，承诺对于那些迄今仍难以理顺的一系列公司活动来说很重要，对于公司可能最为重要的创新来说更是如此。

◉ 有限责任制

> 实际上没有人关心任何大型商业机构，没有谁不确信如果该措施被通过了，不仅是最无用的，而且是最有害的……该法案唯一的作用就是诱导无知的人们进入最具欺瞒性和灾难性的企业中去……拥有少量资本的人们将投资于自己完全不知其性质的企业，并必须将他们财产的唯一管理权委托给一群董事，这些人并不是公司的仆人，而是公司的主人……他们反对这项法案，因为它没有建立在一个合理的原则上。他们相信，该法案并不能为工人和拥有少量资本的人服务，相反只会误导他们，并欺骗社会本身。[20]

蒙兹（Muntz）先生阁下所强烈反对的是在 1855 年 7 月 26 日伦敦下议院提出的有关建议引入有限责任公司的一个法案。

有限责任条款是指当公司失败时，股东仅仅对他们已经投入公司的资本负责，不能进一步追偿其个人资产。有限责任制在 17 世纪的不列颠已经以各种形式出现，包括东印度公司，但并不普遍。在英格兰，当事双方在他们之间自行达成有限责任协议的尝试被法院驳回了，理由是他们"妨碍了合伙制的原则……合伙制中的每个人对一切都是承担连带责任的，在欧洲大陆国家情况正是如此"。[21]在有限责任制于 1856 年被引入之前，有限责任公司只有通过议会法案才能获得批准，被限定从事对运河和铁路等的公共投资。

引入有限责任制的初始压力不是来自投资者或企业家，而是源自一群中产阶级的慈善家，即基督教社会主义者，他们认为有限责任制是一种鼓励工薪阶层节约并因此减轻贫困的方法。这个原因随后被那些倡导契约自由的人采纳，其中最受瞩目的就是罗伯特·劳氏（Robert Lowe）。实际上，最终迫使议会接受了有限责任制的原因是对英吉利海峡隧道另一端发展状况的务实回应。贸易委员会副主席布弗里（E. P. Bouverie）在 1855 年 6 月指出："在过去的两年里，在法国至少有 20 家公司出于同样的目的而成立。无论从资本还是董事的角度来看，它们事实上都是英国的公司，它们所有的支出只不过是从英国拿走大量资金并支付给了法国，因为考虑到使用了它的法律。"[22]令贸易委员会如此烦恼的这一法国法律源于 1807 年的《拿破仑商业法典》（Napoleonic Code de Commerce），它确立了股份有限公司（société anonyme）和股份两合公司（société en commandite par actions）作为有限责任组织。

正如 1926 年的《经济学人》杂志所记载的那样："未来的经济历史学家……对于发明了适用于贸易公司的有限责任原则的无名者，可能会给以与瓦特、史蒂芬森及其他工业革命先驱者同样的荣耀。"[23]然而，根据传统的公司财务以及莫迪利安尼和米勒的理论，有限责任几乎是一个不相干因素。股东通过有限责任所规避的风险被简单地转移给了债权人，如果企业失败，债权人将承担全部损失，并要求以更高的利率来对之进行补偿。

与之截然相反的是，有限责任是承诺的基础，因为它建立了对承诺的限定，如果缺乏了这种限制，承诺就是不可兑现的。有限责任限制了股东遭受损失的风险，否则风险将会是无限的。

因此，它允许股东对他们提供给其他利益相关者的承诺水平施加上限，这是在不同群体之间平衡其对公司的承诺的一种重要方法。

作为科林·迈耶有限公司，我有从事高风险投资的强烈动机。作为一个非公司制企业，我不会如此。如果风险投资失败了，那么债权人将来敲门，要求我卖掉房子以偿还他们15万美元的损失。若没有有限责任，高风险投资的结局可能的确会如此：零回报，高风险预期，对作为股东的我没有任何吸引力。如此说来，取消有限责任是阻止轻率投资的一种方法。然而，如果没有有限责任，不同当事人所面临的风险程度就被颠倒了。当知道有个无底洞可以拯救失败的公司时，我的员工而不是我就希望实施高风险的投资。平均来看，我从中没得到什么却冒着相当大的风险。如果投资失败，我有义务去挽救企业，员工价值3万美元的弱势就业将受到保护。如果成功了，他们将为一个更有价值的企业工作，他们将期望从中赚取更高的收入。因此，我有理由怀疑这家以我的名义存在的公司所采用的管理方式。

对于平衡承诺的需要解释了为什么在大型集团组织内公司使用有限责任子公司的复杂结构。[24]这样的结构允许公司向不同的群体做出不同程度的承诺。返回银行业的例子，通过控股公司的结构，银行可以对其商业银行的利益相关者做出比对投资银行的利益相关者更大程度的承诺，其中，商业银行作为一个子公司拥有比投资银行更高的资本水平，以上就是银行业独立委员会近期对英国的银行所提出的建议。[25]

如果有限责任的发明者应与瓦特和史蒂芬森齐名，那么，公司的发明者就应该比肩伽利略和牛顿。有限责任允许承诺的形式比以往具有更大的多样性，公司制则首先为多样性提供了基础。然而公司制的这一创新目前正面临威胁。

● 确权资产

一个公司有五个主要特点：（1）一种区别于所有者和管理者的法律人格；（2）由董事会集中管理；（3）资本共享所有权；（4）股份可转让；（5）有限责任。这就是半个世纪以来公司的特征在英国出现的顺序。公司的前身——行会（guilds）是诺曼征服之前的产物，被赋予拥有和管理财产的权利。[26]它承担了交易的功能，进而发展成为手工业行会和商人行会。行会为行使其职责而制定法规和条款，并为实现其目标和权利建立了一个由会长和助手参与的治理结构。随着 16 世纪海外贸易的扩张，产生了对筹集资金的需要，共享所有权由此应运而生。[27]到 17 世纪中叶，英国东印度公司的资本固定下来，相应地，股份变得可转让。但直到 19 世纪中叶，有限责任制才获得了准许。

在欧洲大陆上，公司特征的出现顺序有所不同。合伙、公司和契约（societas, compagnia, and commenda）都是用来促进商业和贸易活动的法律合约。融资由有权分享利润的投资者提供，通常是有限责任的。因此，英国的公司结构强调公共职能管理，商业活动的融资在此基础上发展起来；而欧洲大陆的公司则从一开始就关注对贸易企业的融资，并创建了合约关系来予以实现。

对于公司法律人格的创造而言，两种形式的分离是至关重要的：第一是公司的资产和负债与其投资者的资产和负债相分离，第二是公司的管理权与所有权相分离。第一种分离是通过所谓的"确认性资产分割和防御性资产分割"的结合实现的。[28]确认性资产分割（也称为"实体保护"）保护了公司的资产免受公司股东的债权人的侵害。它防止股东使用公司资产解决他们个人的债务问题。防御性资产分割是有限责任的，保护了股东免受公司债权人的侵害。两者共同确保了公司的资产可以满足公司债权人的要求，股东的个人资产可以用来满足其个人的债务，而不受其所投公司债务的约束。它们可以使公司建立起与其所有者相区别的合同关系。

第二种形式的分离是公司管理权与所有权分离。这是通过建立一个主体——董事会来实现的，它不同于公司的成员。董事被授权去管理公司的资本，其活动受到公司章程或备忘录的限制。他们没有权力管理尚未被公司认缴的股东个人资本。股东有权管理他们自己的私人资本，但是对公司资本仅享有非常有限的权力，面对从公司抽回资本的情况时更是如此。

原则上这就是公司的本质。然而，近50年来的实践却非常不同。确认性资产分割对于公司的经营尤为重要。没有它，公司就成了所有者的附属物，如果不顾董事会的行政控制权，所有者就可能承担属于公司责任的债务。但这正是过度的股东控制所造成的威胁。股东控制并不是通过合同来实现的，可以设立投资机构，例如所谓的对冲基金，去购买那些他意图去接管或者作为一名积极的投资人能行使控制权的公司的股份，从而鼓励公司向股东支付更多的收益和资产。这不是通过合同而是通过行使投票权来实现的，所取得的效果非常相似。这样做是出于正当的理由吗，比如，因为管理层不称职或者一些股东有现金需求以解决他们的个人债务？

本质上说，有即时现金需求的所谓"短期"股东，正在以其他利益相关者为代价从公司提取现金。他们可以这样做是因为非持股的利益相关者对公司没有投票权。预料到这一点，利益相关者将不愿意投资于公司。股东因此希望能够约束自己以避免这种情况的发生，但是一旦利益相关者做出了承诺，从企业提取现金总是会符合短期股东的利益而损害了他们的利益。这就是公司控制权市场和股东积极主义所呈现的两难境地。不言而喻的是，为股东带来了积极的股价收益，正是股东的愿望所在。这也是一个以非持股利益相关者为代价提取经济租金的机制所预计实现的。

为了避免设立公司的益处被稀释掉，要么要求董事们被授予比现在更大的独立性，要么要求所有者承诺得更多并且短期股东控制得更少。前者会产生代理问题：自利的董事会为追逐个人利益而牺牲公司利益；后者因为剥夺了股东的权利而有利于自利的管理层，也会引起人们的担忧。解决这一问题就需要公司治理机制能够促进承诺并加强管理监督，以及鼓励更长期和更积极持股的所有权关系。这将是下一章的主题。

然而，迄今为止所建议的方向都是相反的，这也说明了我们为什么要担心经济学是否提供了对公司和金融市场的恰当描述。关注经济学的有效性看似是一个高度自省的活动；毕竟，即使经济学理论完全不准确，世界仍将继续。然而，麻烦的是事情可能并非如此。实业界人士和社会公众也许会非常轻视经济学理论，但有一批人不是这样。

◉ 多样性的价值

正如第 4 章所描述的，金融危机使得政策制定者和监管者疲于奔命。面对玩忽职守的指责，他们做出强烈的回应。关于金融机构全方位治理的咨询文件、建议书以及报告以惊人的速度出现，也难怪人们会认为这些想法一直就在政策制定者的脑海中徘徊。

这些建议背后的驱动理论是主流的经济学智慧，即糟糕的公司治理导致了金融危机，在公司董事与股东的利益一致性上存在严重的"代理问题"，监管需要落实到位以加强公司治理，更好地确保利益一致性。例如，董事会主席和CEO的角色应该相互分离，在公司董事会中应该有更多的非执行董事，在高管薪酬与公司业绩之间应该有更为密切的关系。

根据传统的经济学模型，这些有可能是合理的建议。但是用公司承诺的观点来看，它们就是不合理的。正如前面所述，按照传统理论的推断，如果股东是最脆弱的群体，那么使董事与股东的利益相一致就非常有意义。然而，如果股东不是最脆弱的群体，这就是错误的政策。例如，如果债权人是处于风险之中的主要利益相关者，那么深化股东的资本承诺就是先决条件，撇开它来强化股东控制会削弱而不是提高银行的稳健性。

目前有一些政策制定者意识到常规处方在这个特定领域是不适用的，而公司承诺的观点有着更广泛的意义。他们的第一个主张是根本不存在有关公司治理的普遍适用的政策建议。平衡承诺和控制是一种与公司特有的性质和背景高度相关的微妙活动。公司的最佳治理，例如由不同群体的资本承诺程度所反映出来的，在产业内会因公司的不同而不同，在跨产业和跨国家的情况下更是如此。寻求治理的统一规则既是无意义的，也是危险的。

虽然我质疑传统经济学模型对股东价值的强调，但是在有些情况下，关注股东价值是完全合适的，比如股东承诺程度较低、股票具有高流动性以及匿名的分散所有权。举例来说，破产和接管的威胁是英国制造业公司在 20 世纪 60 年代和 70 年代用来对抗激进的工会工资谈判的两种方法，而高股利分配和收购是 20 世纪 90 年代和 21 世纪初限制监管者对英国公用事业公司的价格设定进行控制的两种方法。为对抗失败组织中根深蒂固的利益，可能需要资金用于短期重组；当创业企业的企业家不再提供有用的服务时，为了移除他们，需要短期的机构投资者来予以推进。但也会有其他情况，失败的承诺对企业的长期利益造成了极其严重的破坏。

结果，没有一种具有普遍优势的所有权和公司治理的形式可以在所有的时间适用于所有的企业；相反，在特定的时间点上，某些安排更适用于某些特定的活动。例如，人们发现雇佣了大量熟练工人的行业（例如机械与造船）以及那些需要大量外部股权融资的行业（例如仪器和电力机械）在所有权高度集中的国家增长得特别快。公司结构与研发投入尤为相关。因此，所有权和公司治理为某些活动赋予了比较优势，而不是绝对优势。[29]

那些阻碍企业选择适合自身情况的治理结构的监管，会损害公司的业绩。例如，促成美国风险资本和硅谷蓬勃发展的最重要因素之一就是放宽了 1978 年对《员工退休收入保障法案》（Employee Retirement Income Security Act，ERISA）中的审慎人规定。之前该规定限制了养老金投资于过于冒险的私募股权，而这一限制的放宽（允许按照投资组合而非单个投资来衡量风险）使得美国的风险资本企业可以从中筹集到大量资金，而它们此前一直被排除在外。在行业内部以及不同行业之间、国家内部以及不同国家之间应有不同的治理安排，我们应注意确保监管不会妨碍这一原则。

政策制定者的第二个主张是，虽然不适宜对单一公司的治理进行监管，但是有必要对作为一个整体的经济和金融体系进行监督和管理。正如一家公司某个部门或子公司的管理者不可能确定合适的公司治理方式一样，公司也不可能确定合适的经济和金融体系治理方式，而这正是国内和国际监管当局的不二职责。危机监管失败已经充分区分出以下两个问题：不在政府和监管者的适当职权范围内的单个机构问题，以及属于政府和监管者职权范围内的系统性风险问题。[30]这就相当于要区分以下两种情况：对于危机大流行的控制是公共卫生当局应适当关注的问题，超出了医生个人的职责范围；而单个病人的医疗卫生问题属于医生个人的职责范围，而不是公共卫生当局应关注的事情。

受不完整经济学模型的引导，至今为止，公司治理和监管的焦点一直放在错误的问题上——微观的公司个体层面而非宏观系统层面上的统一。一方面，它关系着使正确的经济学模型发挥作用的政策制定；另一方面，实现个体公司层面的多样性对于公司业绩及其生存和发展的潜力来说也是至关重要的。

◉ 时代不能使她凋谢

在今天的英国，最古老的连续经营的独立家族企业是巴尔松肉店（RJ Balson & Son）。实际上，自从 1535 年约翰·巴尔松（John Balson）在位于多塞特郡布里德波特的当地市场建立了肉类交易公司以来，已经相继经营很多代了，公司从一代又一代的巴尔松传到了今天的理查德·巴尔松（Richard Balson）。[31]

长寿并不必然是一种美德，但是当它发生在一家公司的身上时，则意味着客户和员工对它的信任和忠诚。当然，有许多英国机构比最古老的家族企业还要悠久（我所在的大学就是其中之一），但是与一些其他组织不同，企业必须依靠其市场声誉在竞争中赢得生存。时间是一个可靠的检验指标，在英国尤其如此，因为正如我们所看到的，家族企业的存续时间特别短。

在三个最古老的持续经营的家族企业中，巴尔松肉店是一个肉类经销商（如今在美国和英国销售的香肠备受青睐）；杜特内尔（Durtnell and Sons）是一家建筑公司，从 1591 年公司成立之时就由家族所有，并在同一块土地上传承到了第 13 代；霍尔银行（Hoare and Co.）是现存最古老的英国储蓄银行，成立于 1672 年，已传到了第 11 代。

以上公司以及其他现存最古老的独立企业有一个共性，即它们对于产品质量和可靠性的重视。尽管我没有查看它们的相对价格，恐怕巴尔松卖的并不是英国最便宜的火腿，杜特内尔修建的房子不是最便宜的（至少对白金汉宫和伦敦克拉伦斯王府的翻新确实如此），霍尔银行也没有提供最便宜的银行服务。我同样猜想它们能够在各自的行业中始终如一地提供最高质量的产品和服务。

这些企业会在很长的时间里由其家族经营得非常好，但是几乎可以肯定的是，在一些特定的时间点上它们赚的不如英国其他一些零售商、建筑公司或者金融机构那么多。结果，假如它们是被广泛持股的上市公司，多半不会生存下来，至少是作为独立的企业没有生存的机会。它们将在多个方面都被视为失败的，未能像它们的竞争对手那样为其投资者创造巨额回报，并将因此被这些对手接管。

这一点被另一批国际而非国内著名的英国公司例证。特许贸易公司，例如前面讨论过的东印度公司，在 19 世纪被怡和洋行（Jardine Matheson）和太古父子公司（John Swire & Sons）这样的商人贸易公司取代，它们在英国的国际贸易组织中发挥了关键作用。直至 20 世纪 80 年代初，贸易公司仍然是英国跨国企业的重要组成部分。它们经历了两次世界大战、大萧条以及大英帝国的结束，然后，就在全世界国际贸易自由化似乎为它们创造了新的机会时，突然消失了。事实证明，最终致使贸易公司衰落的正是一个十足的国内问题：英国的股票市场。随着企业集团不再时兴，贸易公司被迫进行集中经营并剥离其多元化的控股公司，以至于到世纪之交，没有几家幸存了。那些存活下来的，例如怡和集团和太古集团，都有一个共同点：它们是家族所有并因此免受来自股票市场的压力。"因此，奇怪的是，虽然家族所有权和管理有时被用来解释早期英国贸易公司的保守主义，但到了 20 世纪的最后几年，仅有家族企业幸存了下来。"[32]

财务效益是质量和可靠性的产物，但是反过来质量和可靠性却不是财务效益的产物。如果财务效益是公司的价值观所追求的，质量和可靠性就不会是必然的结果；但是如果质量和可靠性是公司的价值观所追求的，财务效益就可能会（但不必然地）由此产生。分散所有权公司的缺陷是它迫使公司将财务效益作为驱动力（公司担心如果不追求财务效益则会失去控制），在此过程中，质量和可靠性就不再是首要目标了。

我们所需要的是重建价值观，客户、雇主、供应商和社区将其视为公司的首要目标。在大多数情况下，这些价值观是显而易见的，它们价值几何是由人们愿意为它们支付多少和投入多少决定的。价值观可以被限定为公司所提供的商品和服务的质量和可靠性，还可以拓展到员工的工作条件或者与供应商的关系。

同样，价值观还可以包括超出公司经营职能的更为广泛的社会和公共问题。例如，它们可以是公司对所在社区的活动的参与；公司在地方和全国所提供的公共及私人服务的质量；公司所提供的这些服务的价格；公司对环境、当代人和后代人的尊重。公司的价值观可以是而且应该是多元化的。对多重目标的谴责混淆了执行的简单化与原则的完整性。我们依照多种原则来生活，但通过一组限定的应用方式来执行它们。同样，公司应该设有一组简单的目标，但是拥有一套内容广泛的价值观来对目标的实施进行判断。就那些试图按卫生服务的结果付费的人来说，他们的错误在于试图对一个范围广泛的活动施加一套狭隘的价值观。这是一个错误的方向，产生了使公司受限的犬儒主义和操作性行为。

我们未能促使公司成为一种承诺机构，是源于没有充分意识到它有这么做的潜力。理论和政策都将公司视为促进股东利益的工具。问题不是怎样去定义和衡量我们所重视的价值观，而是这些价值观如何可以在市场上重新建立起来。在这些市场上，所有权方式不再有助于促进股东以外的其他人的利益。从最小的初创企业到最大的知名公司，从高科技行业到传统行业，从新兴经济体到高度发达的经济体，从纯粹用于私人目的的公司到以公共和社会利益为宗旨的公司，都需要有能力决定承诺与控制之间的恰当平衡。在不同条件下实现恰当的平衡并不需要僵化或压抑的监管，而是需要世界各地开明的政府和治理。

第 9 章

治理与政府

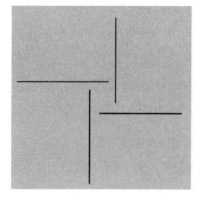

"没有什么比看见你的邻居致富更能影响你的判断力了。"

J. P. 摩根

◉ 四分五裂的家族

世界上最成功的公司之一是印度塔塔集团（Indian Tata Group）。作为一个经济形势逆转的显著标志，塔塔集团拥有先前的英国钢铁公司、英国标志性的汽车公司捷豹和路虎，以及最具英国企业特色的泰特莱茶叶公司（Tetley Tea）等多家企业。

现任主席是拉丹·塔塔（Ratan Tata），目前集团已经是由第5代进行管理。事实上，公司所有权并非主要集中在塔塔家族的手上，家族已经将其财富捐赠给了许多信托基金。今天，信托基金控制着塔塔集团 2/3 的股份，但它们不经营企业。各个公司有自己的董事会，关注公司战略的制定和实施。信托基金除了进行大量慈善捐款，还要制定企业的价值观以及各家企业的经营原则。因此，它们是公司理念的守护者。[1]

正因如此，这一结构提供了一种实现我们在上一章结尾处所讨论的价值观的工具，而不会破坏组织的商业性质。全世界的企业都在残酷和高效地竞争着，但是信托基金确保它们遵循一套维护企业声誉和声望的商业原则和行为准则。

信托基金和基金会绝非公司的不寻常特征，它们在美国非常普遍。安德鲁·卡内基（Andrew Carnegie）1910 年在 75 岁生日时，创建了卡内基国际和平基金会（Carnegie Endowment for International Peace）。福特基金会（Ford Foundation）于 1936 年为了"科学、教育和慈善的目的"而建立。洛克菲勒基金会（Rockefeller Foundation）于 1913 年确定了其宗旨为"促进全人类的安康"。但是塔塔信托基金与其美国同类机构相区别的是，它们不仅履行慈善功能，而且控制它们出资的企业。

这是一些德国基金会的一个特点。蒂森克虏伯公司（ThyssenKrupp AG）是世界上最大的钢铁生产商之一以及最大的德国公司之一，由克虏伯基金会（Alfried Krupp von Bohlen und Halbach Foundation）拥有。克虏伯公司的控制权在1966年被移交给了基金会，因为阿尔弗雷德·克虏伯担心他儿子"浮华和享乐"的生活方式不适合秉承家族传统并继承家族企业。[2]克虏伯和其他如博世等德国企业的慈善属性使它们能够防御恶意收购以及避免由此可能对其员工造成的负面影响。然而，正如塔塔集团所展现的，这并不会破坏公司本身的商业定位。例如，它没有阻止克虏伯积极从事对其他企业的恶意收购活动。1991年克虏伯发起了第二次世界大战后德国首批恶意收购中的一个，即对钢铁公司好时捷（Hoesch）的恶意收购。好时捷的管理层和工人坚决反对，但是最终未能阻止收购的发生以及16 000个工作岗位的丧失。[3]1997年克虏伯又一次尝试对钢铁公司蒂森（Thyssen）进行恶意收购。面对管理层和工人的强烈反对，这次收购又失败了，而以第二年两家公司协议合并的方式告终。

基金会和信托企业还在一些国家（例如德国）的企业经营中被用来维护家族成员的利益，但不要求将控制权保留在家族内部。这是对日本人如何解决"杰出企业家的后代自身并不一定是优秀商人"问题的一种替代方法。日本的父亲若没有生出自己的具有商业头脑的孩子，他们就会收养一个儿子，按照法律收养程序冠以家族的姓氏，将家族企业的控制权移交给他，并绕开他们天资一般的自然后代！日本三井（Mitsui）和住友（Sumitomo）家族就是两个已经这样做的例子。[4]

家族企业比分散所有权企业更具优势。尤其是，它们受益于家族所有者相对长远的眼光。然而，家族企业也有缺陷。特别是，一些家族成员可能对通过拥有和控制企业进而获得个人利益而非增加公司的财富更感兴趣，公司会受到这些家族成员的摆布。这些个人利益引起了家族争端以及内部争斗。

家族继承是一个普遍存在冲突的领域。父母对移交所有权给他们的后代使家族保持延续的热情，可能会影响他们对后代能力的判断。[5]财务政策是另一个有争议的地方。家族可能在扩张计划的批准上额外谨慎，因为担心损失掉他们累积至今的资本，或者他们可能想以股息的形式从公司中提取盈余，而以公司未来的投资和增长为代价。家族所有制，尽管在全世界普遍存在，但不是解决 21 世纪公司问题的办法。

股票市场所有权本身存在一些问题，但它也有相当多的优点，认识到这一点很重要。它是公司大量的灵活性资本的来源。它提供了一种出资形式，当公司面临风险时是主要的缓冲池，而其他融资形式无法提供这种保护。分散的股权允许股东隐藏在匿名面纱之下，尽管这不利于坚守承诺——你很难与匿名者建立关系——但也避免了其他投资者可能不得不忍受的游说和政治压力。尽管银行融资的不足在一些国家促成了过度分散的股权，但是在另一些地方，股票市场的不足可能过度延续了集中的家族所有权。[6]因此，我们需要的是一种解决分散所有权体系缺陷的方法，承认其长处并加以运用，而非进行反对。

为了在组织中实现适当程度的承诺和控制，有两种工具可供选择：第一种是公司董事会的结构以及它们相对于其股东的独立程度。第二种是所有权性质以及不同股东所拥有的控制权程度。从对其股东持续负责的董事会，到为保护第三方利益而专门设计的董事会，其独立性程度可以差别很大。

◉ 信托企业

在信托形式下，一方（委托人）的财产被代表了第三方（受益人）的利益的第二方（受托人）管理。受托人对受益人负有受托责任，受益人是信托财产的受益所有人。因此，它不同于一个公司中的董事对股东的代理关系，在这种关系下，董事对股东负有受托责任，股东既是所有者也是财产的受益人，也就是说，委托人和受益人是同一人。鉴于信托中的财产委托人和受益人相分离，失败的可能性非常大，受托人的受托责任特别重。

鉴于公司与其成员（即股东）的联合，信托在公司中的应用通常并不被认为是恰当的。董事对公司应尽忠实、诚信以及谨慎的义务，正如我们所看到的，公司可能反映了广泛的利益相关者群体，但只是在符合公司成员利益的限度之内。所有者与董事之间的分离程度，对于允许董事按照更广泛定义的公司利益做出判断是很重要的，这种判断打着所谓"商业判断"的名义，使法院认为其对董事有利。似乎没有必要建立董事对其他利益相关者的正式责任，这样做会被认为将造成公司目标的混乱。

然而，收购活动增加、股东积极主义、短期持股以及高管合同期缩短这些因素结合起来实际上削弱了股东与公司的分离程度，尽管法院在正式判决中已表明了立场。因此，对董事来说，除了反映他们最具影响力、通常是短期股东的切身利益，做其他任何事情都变得越来越困难。呼吁更大的股东积极主义只能强化这一点。董事按照被更广泛定义的公司长期利益行事的能力已经被极大侵蚀了。

同时，董事滥用其受托责任的可能性增大了。董事和股东之间的利益关系被视为分歧越来越大。股东的不信任促进了更大程度的股东积极主义，反过来又促进了董事更多的自利反应，一个破坏性的循环已经启动。面对投资者的过度不信任和过度干预这一问题，我们需要寻找到一个解决方案。

董事需要平衡所有者与其他方的利益。最初，分散的所有权带来了实现这一点的诱人前景，即将管理层从他们之前所要服从的家族所有者令人窒息的控制中解放出来。但是这种自由被董事以及从更多干预中看到了潜在收益的所有者滥用了。因此，对分散所有权企业所期望的好处被证明是虚幻的，公开上市公司正在溃退。例如，在伦敦证券交易所主板市场上市的公司数量在13年间减少了一半，从1998年的1 890家降至2011年的990家。公司越来越多地寻求私人而非公众所有权的保护。这是要付出代价的。由于私人所有者过分地干涉公司，以及金融资源供给不足，这些缺点变得越加明显。

相反，应寻求一种解决方案，既要通过加强公司治理使股东利益得到比当前更有效的保护，又要坚持对其他方的承诺，以便让他们自愿参与公司的活动。方式之一就是我所说的"信托企业"（trust firm）。[7]信托企业是一个拥有受托人委员会的公司，这些受托人是公司既定价值观与原则的守护者。正如塔塔集团的受托人一样，他们不干涉企业的日常经营，但会确保企业有明确规定的价值观和原则，并予以遵循。

信托企业提供了两种功能。第一，它通过提供与高管不同的监督作用，加强了已有的治理安排。非执行董事在替股东提供监督与向高管提供建议两种角色定位之间的混乱，是许多董事会失败的主要原因（通常被描述为"不希望打破现状"或者"破坏董事会的和谐"）。一定程度的分离允许一定而非完全的独立性。

第二，它允许公司基于股东以及利益相关者的利益，对原则和价值观做出可信的承诺，若不是信托企业股东是不会坚守的。因此，它是一种公司能够向其他方提供承诺，反过来其他方又会向公司提供承诺的方式。

受托人委员会坚持的价值观也将是公司客户、投资者和员工的价值观。[8]在塔塔集团，甚至可以延伸到更广泛的慈善活动。慈善功能由那些既有知识又有资源去提供它们的组织来实现效果最佳。公共服务也是如此。正如下面将要进一步讨论的，信托企业的吸引力之一是在一个组织中，公共价值与私人价值可以被整合，而不是像现在这样，要依赖分业监管或者公私合营合同来协调私人利益与公共利益。信托企业可以承担公共利益集团的职能，而不会产生当前这样的监管者与被监管的企业或者公共承包商与私人供应商之间不正常的对抗性关系。

然而，并不应认为信托企业能够适用于所有活动。公司应该可以自由选择。当一家企业从一个拥有少数投资者的私人有限公司转变成为一个拥有更大量持股者的公共有限公司时，受托人委员会的好处最能显现出来。在实质性的组织被创建之前，很少能对投资者或利益相关者承诺什么，除了创始企业家的愿景。企业的价值观是创建人价值观的代名词。当企业达到一个重要的发展阶段并拓展了投资者基数时，采取了公共有限公司的形式，从而需要一个能反映公司价值观的董事会。这些价值观可以由创始股东来定义，并因此提供了一种延续创始人目标的方法，或者它们也可以将更广泛的社会目标纳入以使得公共职能与私人功能并存。

作为科林·迈耶有限公司的主要股东，公司的价值观同义于我或者少数大股东的价值观。因此，没有必要让受托人委员会去监督公司的价值观——所有者完全有能力自己去做，夹在中间的董事会只会削弱监管。相比之下，作为科林·迈耶公共有限公司10 000名股东中的一员，我对于公司价值观的确定和实施几乎没有什么影响。尤其是，我不能确保利益相关者和股东的利益都得到保护。受托人委员会提供了一种使公司的价值观可以被建立和保持的方式。

受托人委员会的结构形式可以从由股东任命、无任期安全保证的传统公司董事会，跨越到需要几年时间轮换选举产生、自我任命的轮值成员。它可以由成员任命并对其负责，成员被限定为当前的股东或者拓展到更为广泛的利益相关者群体。新媒体和电子投票系统提供了大量的机会，将参与的利益相关者群体扩大至今天所观察到的范围之外。换言之，董事会可以拥有一个灵活、独立的结构，向各种各样的群体提供高度的承诺，但不受他们其中任何人的外部控制；或者成为特定人群的工具，具有很小的独立性。董事会的性质既决定了它对其他方的信任程度，又决定了它受制于后者的程度。关于信托企业的更多细节可参见附录。

信托企业的一种特殊形式是合作或互助型团体，在这种模式下，企业的所有权和利益相关者的利益没有分离：所有者就是其客户和员工。这种组织的一个成功例子是约翰·路易斯合伙人公司（John Lewis Partnership），英国备受尊敬的连锁百货商店的所有者。考虑到收入的不平等以及员工在他所继承的企业中的境况，创始人的儿子约翰·斯皮丹·路易斯（John Spedan Lewis）在第一次世界大战后不久创建了员工委员会。

委员会发展成合伙制，所有的员工都是公司的合伙人，选举出合伙人委员会的代表和董事会去制定企业战略，并在主席及执行董事的管理下监督企业的经营。约翰·斯皮丹·路易斯签字放弃了他对企业的权利，并建立章程规定了合伙人公司的结构和企业经营的原则（其价值观），第一次做了如下声明："合伙人公司的最终目的是通过在一个成功企业里有价值和令人满意的就业来实现所有成员的福祉。因为合伙人企业是由其成员受托所有，他们在获取回报——利益、知识和权利——的同时也分担所有者的责任。"

所有者和利益相关者不分离这一事实，对合作与互助型团体既有利也有弊。优点是避免了双方的冲突；缺点是不能以股权资本获得外部资源。因此，对于资本需求较低的活动（例如服务领域）来说，这是一种很好的模型。但是对于那些需要大量资本的活动（例如制造业）而言，情况并非如此。

信托企业的另一个例子是养老基金。他们由受托人委员会运营并代表长期投资者——当前和未来的养老金领取者——监督资产的管理。他们遇到了两类问题：一是受托人缺乏能代表他们的受益人——养老金领取者——发挥有效的"管理"（监督）作用的能力；二是对未来几代的养老金领取者无法提供足够的保护。第一类问题的原因是一些受托人的能力缺乏，第二类问题的原因是受托人的任期是有限的，从而鼓励他们在其任期内进行能产生高收益的短期投资，而使得长期偿付能力面临透支的风险。

这些养老基金的失败说明了重视受托人委员会的组成和结构的重要性。例如，如同经验丰富的企业家和实业家对 ICFC 等风险投资基金以及英国赫尔墨斯焦点基金等活跃的投资者基金的成功所作出的贡献一样，养老基金的受托人委员会更需要之前有过资产管理经验、在业内被高度认可的专家。交错退休并赋予那些剩余任期最长的人更多的权威（例如董事会主席或副主席），减少了那些由快退休的受托人的短视产生的问题。

信托企业的第三个例子是在美国公司中常见的董事会轮换制（staggered board）。董事会轮换制使得董事会在一定程度上独立于股东。董事会得到任命并对股东负责，但既然在任何时候仅有一部分董事可以被替代，所以想要替换董事会，需要通过多年的多轮选举才能实现。类似于合作或互助型团体的情况，如果企业成员的定义包含其他利益相关者，那么董事会可以代表其股东之外的群体。企业应该将公司成员的定义作为组织细则或公司章程的一部分。

依照所定义的企业目标和成员，公司治理的本质将会自然随之变化。事实上，即使定义被限定到其股东，不延伸至任何其他利益相关者群体，公司治理仍然需要考虑到股东的变动，以及潜在的利益冲突。因为，与现在的印象相反，股东并不都是一样的。可以影响企业承诺和控制程度的第二个工具是如何在不同类别的股东之间分配控制权。

◉ 做出承诺的股东

作为法国工业气体公司法国液化空气集团（Air Liquide）或者化妆品公司欧莱雅的一名股东，如果持有股份 2 年，就可以额外获得 10％的股份作为忠诚奖金。其他一些法国公司也采用类似的安排以鼓励长期持有股权，而且法国公司法允许每一位记名股东在持股 2 年后拥有双倍投票权。[9]随着对持有期缩短以及股东短期主义增加的日益担忧，其他地方也在考虑类似的建议。[10]

该建议的难点在于，尽管它对股东保持持股在财务上给予奖励，但是并没有要求股东对持股的期限给予承诺。此外，它也不能提高长期股东行使控制权的能力。

一股一票的原则意味着股东获得投票控制权的依据是他们在特定公司投资的资本数额（他们持有的股份数）以及所投资的公司数量，而不是投资的时间长度。因此，他们在控制权上得到的奖励是基于他们承诺的深度（他们投资的资本数额）、承诺的广度（他们投资的企业数量），而不是承诺的长度（他们投资的时间范围）。

目前股东没有办法表明他们希望投资的时间长度，所以那些打算持股数天的人（或者对于高频交易者来说，可能仅保留几毫秒），在他们持股之时对公司决策有着与那些打算在几年内保留股份的人相同的投票权。前一种类型的股东仅在忽略不计的时间内承担其投票决定所带来的后果，而第二类股东会在较长的时间内承担这一后果，但是两者对公司当前决策有着同样的影响，并且这个决策可能影响今后几年的业绩。

这一荒谬的情况导致了前面所述的企业和市场的基本缺陷。例如，在与并购相关的决策中，它意味着决定结果的权力掌握在那些会立即处理其股份而对公司的长期业绩不感兴趣的人手上。这就好比我们将投票权赋予那些明天就打算放弃国籍的成员。[11]

股东应该登记他们计划持股的期间，并根据他们处理股份之前的持股时间长度奖励（例如，按比例分配）其投票权。所以，一个十年到期的股份可能有十倍于一年到期股份的投票权。甚至，待遇平等原则（法律非常重视的一个原则）会规定只有将实质上持有十倍公司资本的股东与其他股东区别对待才是公平的。

附录提供了信托企业的所有权、委员会以及价值观的更多细节。

那些不希望承诺保留股权的股东可以自由地持有并交易无投票权的无记名股份。因此，公司可以与现在一样，从发挥重要的定价和信息聚合功能的流动性股票市场筹集资金，但是会由忠实的股东控制。

股票记名有两个作用。第一，它按照股东预期而非追溯的持有期比例为之分配投票控制权。相比之下，忠诚和双倍投票权股份因过去期间的持股而奖励股东，因此不能让他们对其行为的未来后果更负责任。事实上，过去已经长期持股的股东在不久的将来更有可能出售股份，忠诚和双倍投票权股份可能会在没有承诺的情况下对他们进行奖励。

第二，登记限制了收购中财产转让的决策仅能由致力于公司长期目标的股东做出，并将不忠诚的股东从决策过程中移除。它对于公司行为和业绩的影响是深远的。在一个收购事件中，对于是否接受要约的决策主要取决于最长期股东。因此，影响与利益、控制与承诺将统一起来。

情况本该如此。我们已经接受了"无代表不纳税"的原则，但是没有实施"无承诺不代表"的原则，而这一原则的缺失极具破坏性。尤其是，随着公共资产私有化的稳步推进，以及对于市场规则的接受，我们已经逐渐将对世界资产的控制权转移到了那些对这些资产的部署不感兴趣的人手中。一点儿也不意外，在一个对寻求即时享乐的人与承诺能吃苦也能享乐的人赋予同样影响力的系统中，短期投资者日益占据主导地位。

为了说明冲突如何在股东之间，以及股东与其他利益相关者之间出现，我们将重点讨论科林·迈耶公共有限公司的纯股权情况。30万美元的股权资本目前投资于即将取得成果的资产，并在几年后向股东支付现金。另一项有风险的投资收购，将在不久的将来——一年之内进行，支付60万美元的现金或什么也不支付。不是很快就需要现金的长期投资者坚决反对这项有着高风险属性的投资。另一方面，短期投资者却极为赞同。尽管存在风险性，但他们非常看重快速进行现金支付的可能性，他们迫切需要以此来偿还他们的个人债务——对他们来说，"流动性溢价"胜过"风险折现"。

因此，短期股东评估该投资大于公司 30 万美元的现值，公司股票价格会上涨。管理层从股市上获得了股东对投资评估的积极信号，并付诸实施。如果管理层不这样做，就可能遭受"吉百利公司的境遇"——短期投资者支持恶意收购方获得该公司，或者"赫耳墨斯效应"——一个积极的基金在企业中创建一个职位，并与短期投资者一起劝说管理层改变主意，为自己和其他投资者创造可观的利润。

流动性是有价值的，并有助于股票的定价。它一方面需要通过股票市场的股份交易（二级交易）来实现，另一方面对公司的主要资金有影响。正如上面的例子所示，股票市场鼓励公司通过向股东支付现金来促进流动性，满足了短期投资者对流动性的溢价要求，对公司的融资却没有贡献。这就是为什么股市对公司资金来说是一个净消耗者，而不是贡献者。它否定了股权资本（equity capital）是永久性资本并因此与承诺资本相关联的假说。

2012 年提交给英国政府的一份报告显示，这产生了一个"短期主义"问题，"当公司在通常给企业带来竞争优势的实物资产或无形资产上投资太少时就会发生"。[12]报告认为，短期主义在英国金融体系和公司领域盛行，并敦促资产持有人（例如人寿保险公司和养老基金）、资产管理者（代表资产持有者管理资产组合的人）以及公司的董事根据受托原则去扮演他们公司长期利益的管家的角色。[13]不仅在金融市场上实行这样广泛的行为改革的可行性值得怀疑，而且该做法还可能加剧股票市场的缺陷，这正是它通过推动整个投资链条中的长期承诺行为来寻求纠正的。流动性是金融市场的一个重要组成部分，许多投资者不愿意积极地承诺去监督他们所投资的公司。[14]报告表明，短期主义的问题已经变得愈加严重，可以说在股票市场上从来就没有过负责任的股权交易的黄金时期，1720 年的南海泡沫很清楚地说明了一切。但是公司曾经做到的，也应该再一次享有的是，通过限制对其长期承诺股东施加的外部控制，在一定程度上隔离短期股东对企业实际活动的过度影响。

为了避免管理层的行为受短期投资者的驱使，科林·迈耶公共有限公司通过将投票权配置给长期股东，可以选择实施"无承诺不代表"的原则。短期投资者仍然能够从股票市场获得流动性，但是放弃了他们所交易公司的政策决定权。另一方面，如果长期投资对科林·迈耶公共有限公司的活动来说不是不可或缺的，那么就不需要将控制与承诺相关联，而是可以允许所有股东保留其投票权。[15]

并不应假设公司总是需要有长期承诺的股东。在一些情况下，需要有相对短期的持股以避免公司暴露于其他方的危险，包括可能利用承诺股东的惰性的执行董事。在过去的 20 年里，私募股权基金的快速增长是对公共上市公司的股东无力为其投资承诺特定期限的回应。私募股权基金通过在限定期间募集适度数量的股票和大量债务，为新公司的成立和现存公司的重组筹集资金，实现了快速增长。它们非常适合执行那些定制的特殊功能，但也有重大缺陷。被排除在股票市场之外限制了私营公司获得公众上市公司可利用的吸收亏损的权益融资，私募股权基金的有限目的和相对较短的运营时间使其不适合大公司的长期发展。私募股权基金具有重要的功能，但仅能对公开股权市场的不足提供有限的补救。

根据所承诺的持有期间赋予记名股份相应的控制权，而无记名股份（流动股票）没有这样的权利，这种解决方案是一个双层股权结构的例子，正如之前所指出的那样，它在世界各国，包括美国，都广泛存在，但英国除外。对于可以选择自身股权结构的企业，需要承认股东的平等待遇并不等同于股权的平等待遇。事实上，平等对待股权就是要在股东之间进行差别对待，因为那些长期持有股份的人与不长期持有股份的人有着根本的不同。这种差别对待的方式就如同我们过去应用的股东一人一票的原则也是差别化的一样。而后者未能认识到在一个公司中，持有多数股份的股东与仅持有一股的股东是不同的。同样，那些持有长期股份的人比那些持有短期股份的人承诺了更多。平等对待股权的做法针对股份而非股东，并且适用于明确了到期日等事项的特定类别股票，而非一般股票。

这里所描述的双层股权结构至今仍未被广泛关注到，原因是对于使其变得越来越必要的不断发展的后果，人们才刚刚看到。在缺乏一个积极的公司控制权市场和股东积极主义的情况下，股东对公司行为产生的影响小，几乎不需要限制短期股东的控制行为，因为股东不能发挥太多的控制权。然而，正如伯利和米恩斯所描述的，随着所有权和控制权分离所带来的不利影响变得越来越明显，股东的参与程度提升了。当这一情况发生时，股东逐渐明白了他们的影响是巨大的，而且通过缩短持股期限他们的回报有可能更大，因此，股东利益与公司利益的错位问题变得日益突出了。

在实施了此处所描述的治理和所有权原则之后，公司可以根据其商业需要修改承诺和控制——对外部股东和其他利益相关者展现承诺，并确保长期股东对公司做出承诺。这样的机制因此可以使其达到最初设计的目的——去创造新的企业、巩固中小企业，以及促进大公司的持续增长和创新。在公司最初的概念阶段，它们能够授予外部股东对私营公司的控制权，以作为他们在将概念落地所需要的时间里投入资本的回报。它们通过受托人委员会确保其利益受到组织价值观的保护，鼓励债权人和员工参与中小企业的治理。它们在通过短期股票市场获得流动性的同时，限定长期股东拥有控制权，从而吸引所需投入的风险资本以促进大企业的创新和投资。因此，它们将实现公司在提供私人价值方面所被期望的所有功能，此外，也将承担起公共目标。

◉ 公共目标

在诺曼征服之前，行会制度就在英国建立了，它们拥有"占有现在的及今后的财物"的权利。[16]在诺曼征服之后，它们开始行使交易的功能，进而在 14 世纪发展成了手工业行会和商人行会，其中许多至今仍然存在。特别是其中的羊毛出口商公司行会（Staplers），开始涉足海外贸易，到 14 世纪末期，它获得了与北海和波罗的海接壤国家进行对外贸易的第一个特许权。

这些团体在 14 世纪发展出一个包含会长、助手和代理人的治理结构。会长被赋予在英国商人中主持正义的权力。例如，1404年，羊毛出口商公司行会被授权去制定代理人职责履行方面的法规和条例，并惩罚那些违反规则的英国商人。类似的特权随后被授予了商人冒险家公司（Merchant Adventurers）和东方公司（Eastland Company）。

只要仍方便进行交易，就没有太多筹集资金的要求。尽管可能存在要求享有特权的人根据共同参与规则（rules of the fellow-ship）介入资本运营的规定，但是并没有集中统筹资本。然而，进一步挖掘更多的贸易机会就需要更大量的投资。采用的第一种形式是将行会原则扩展至对外活动之中的规约行会。在规约行会中，每个成员都遵从组织的规定，用自身的货物在各自的账户下进行交易。特许权被用来赋予组织成员一种垄断权。从本质上讲，规约行会是一种防止成员之间进行竞争，并允许获取垄断利益的限制性措施。商人冒险家公司就是一个这种形式的例子。[17]

股份制公司的明显特征是成员在一个共同账户下而非个人账户下进行交易。第一个例子是 1553 年在塞巴斯蒂安·卡伯特（Sebastian Cabot）的统治下开始其经营活动的俄罗斯公司。公司以 25 英镑的股票价格筹集了 6 000 英镑的资金,它是为了一次探险活动而形成的一种原始类型的公司,在活动结束后就清盘了。股份制公司在 16 世纪下半叶英国对西班牙的战争中所采用的辛迪加联合组织中发挥了重要作用。葡萄牙和西班牙由国家来组织和资助探险活动,英国则采用了自治行会的方式。国家运营的组织在获得财政资源方面占据优势,但是要忍受其烦琐的中央官僚机构。西班牙无敌舰队(Spanish Armada)的失败可以说是股份制公司对国家的胜利。

这类公司中最著名的是英国东印度公司,它经营着传统的贸易线路,在每次航行结束后清算资金。然而,当每一只股票被清盘时对于保持资产流动性的要求使得这家英国公司与荷兰的对手公司相比处于劣势。1614 年起,该公司股份的认购期为一年;1654 年,它采用了永续存在的股份形式;1658 年,它的资本变为固定的,并且股份可以转让。

在这一时期,公司都被看做一个公共机构。

> 商业公司既具有管理和指挥它所从事的交易的公共目标,也具有使其成员获取利润的私人目标,这种思想也可以在授予新公司的特许状中看到,尤其是在前言部分;而在条款中,通常会发现新被特许的公司享有受托行业的独家控制权。[18]

随后的一些著名股份制公司,例如英格兰银行和南海贸易公司,积极参与公共筹资,并在顶峰时灾难性地尝试将国债转换成南海贸易公司股票。1720 年的《泡沫法案》使得在没有皇家特许权的情况下作为一个公司实体或筹集可转让的股票成为非法行为,从而终结了股份制公司的增长。"对该法案贴切的描述是,如同所有在紧急状况下通过的法律一样,它更多的是暂时的恶意和报复,而非永久的智慧和政策。"[19] 不受该法案约束的主要特例是运河公司:1766—1800 年间通过了 100 多个运河法案,其中1791—1794 年间通过了 81 个。在制造业的新公司中也有一些零星的例子。但是从根本上讲，这一法案的副作用是在一个世纪的大部分时间里抑制了股份制公司的发展。

主要的障碍并不来自立法过程本身所带来的直接成本，而是来自既得利益者，尤其是在位企业反对公司注册的申请。[20]公司被认为与垄断密切相关："大量商人联合起来向政府申请独家特许权，以阻止其他人从事同一业务，并申请通过公开认购筹集资金的权力，以形成自己的股份或资本，这通常被称为公司。"[21]

市政工程（天然气、运河、码头和桥梁）、保险和采矿业成立股份制公司的雪崩式申请带来了改革的压力。国会面对众多的申请不知所措，国王的法律官员无法应对这一需求。尽管 1825 年之后原则上可以成立公司，实际上却难以执行，因为法官将企业作为合伙契约而非独立的法人实体来对待。1844 年的法案纠正了这一点，它要求股份制公司具有可转让的股份和超过 25 个合伙人才能向官方登记。出乎意料的是，国王和议会对公司的形成施加了几个世纪的控制被登记这一简单的变通形式替代了。

> 如果议会没有介入 1720 年的争论，貌似法院将有可能继续发展将股份制公司视为独立法人的判例法（common law），允许自由转让股份以及对管理层的选举投票权。换句话说，公司注册是议会解决问题的方案，而这些问题主要是由其自身造成的。[22]

因此，公司的本意是为了公共目的而非私人目的。它们是国王或议会为满足君王或国家的需求而授予的权利。个人注册公司的权利较晚才被予以承认。国家取消对注册公司的垄断权，作为最重要的贡献之一，提升了经济生活水平。但因为急于将公司从国家的暴政中解放出来，也丧失了公司将公共目的和私人目的结合起来的潜力。在一些情况下，公司的价值观和愿景属于特定个人是完全恰当的。在其他情况下，它们应反映更广泛的利益相关者群体，包括当地社区居民和国家公民的价值观和愿景。[23]

本质上，公共企业仅处于上面所描述的治理和所有权频谱的一端。社区和国家也是公司的成员之一，受托人委员会应维护公司成员的利益，因此所有权的范围扩展至永久公民。就承诺的范围和时间而言，这是一个极端情况，适用于那些从事传统上的公共产品或与公共利益相关的活动的企业。

公司没有理由非得处于一个或者另一个极端——仅是公共的或私人的，它可以是两者的结合。引入信托企业和不同到期日的股份扩大了选择的范围，并说明了如何实现这一点。公司的价值观可以包含公共和慈善目标以及私人目标，受托人委员会可以负责去实现这些目标。最好的实现方式不是在董事会中设置不同利益相关者的代表，而是让董事会的所有成员为公司的全部价值观负责。同样，一部分股份可以为了社会公众的利益而被公司永久持有。组织中公私利益的融合避免了目前普遍存在于私营公司和监管者之间以及公共服务的国家采购商和私营部门提供者之间的冲突。

税收制度可以用来促进私营公司引入公共价值观。对公司的盈利以及投资者从公司获取的收益征税的理由是，公司是区别于其所有者的法律实体。与其说是在支付公司税金，不如说是那些具有公共目的以及有效的治理机制去秉承公共目的的公司获得了税收制度的支持。它们可以接受补贴，而这些资金来自对没有公共目的的公司所征收的公司税。也就是说，公司税的税率应反映公共利益以及私人利益在公司价值观和公司治理中的比重。

具有公共目的的私营公司与公共企业之间的一个主要区别在于后者可获得税收收入，而前者却不行。这就使得公共企业对其他方承诺很深，但却使纳税人面临通过税收制度要求其进一步资助的风险。本质上讲，作为公司股东的纳税者承担无限责任。具有公共目的的私营公司的优势在于它给予股东限制其责任的机会，而公共企业的股东却不能这样做。这就是20世纪70年代在公有制达到顶峰时公司所面临的问题，也是21世纪第一个十年末期纳税人作为金融体系的最终担保人所遇到的问题。在第一种情况下，它们过度地向低效组织的管理层和工会作出承诺并被其利用；在第二种情况下，公司做出承诺和被其利用的对象是银行家和风险性金融机构的资产管理者。在这两种情况下，这些群体很自然地要榨取薪金、报酬和费用，甚至将给他们担保的政府推向破产。

英国公共有限公司（UK plc）本质上是一个合作或互助型的巨大组织，其成员扩展至整个国家。它解决了不能获得足够资本的合作社与互助组织的问题，但是造成了另一个困难：没有人可以选择注销会员。科林·迈耶公共有限公司的价值观也包含公共目的，受托人委员会的功能是确保秉持这些价值观，但它的股东是隔离的，承诺的资本数量是有限的。

科林·迈耶公共有限公司股东被赋予的权力越大，例如有权批准主要的交易，董事会的权力越小，企业就越接近于一家纯粹的私营公司。而股东的权力越小，受托人在秉持公司的价值观方面发挥的作用越大，公司就越像一家公共企业。在极端情况下，如果股东甚至连拒绝新资本认购的权力都没有，他们将发现自己的处境与公司纳税人的无限责任相类似。除了建立企业价值观，公司的章程也将因此列明董事会和所有者的相对权力与权威。[24]

尽管董事会维护公共利益，但它们不是监管者，其作用是确保股东以及利益相关者的利益都得到尊重。例如，在决定向客户收费的合理性时，董事会希望能确保平衡客户和股东的利益。相比之下，监管者则设法对受监管企业的收费施加限制，后者试图将收费最大化。在克服由监管者和企业之间的冲突必然造成的障碍，以及在私营组织中嵌入公共价值观方面，统一的信托企业方法比目前的监管做法要更加实用，成本更低，效率更高。

我们通过展示信托企业如何解决第2章描述的公司特别是银行的债权人和股东之间的冲突来说明这一点。在国家的金融体系面临威胁的地方，冲突不仅存在于银行自身的投资者之间，而且更普遍地存在于银行与社会，尤其是银行与纳税人之间，后者被号召拯救濒临倒闭的银行。为了避免这些冲突，必须有大量充足的权益资本以减轻不良事件对债权人和纳税人的影响，而且银行必须限制自己从事威胁其偿付能力的冒险性活动。换句话说，它们必须像信托企业那样能秉持反映债权人利益的价值观，恰当运用权益资本使其免予承担失败的风险，以及实行足够健全的治理方式以防止追逐不利的风险性活动。

在系统性风险存在的情况下，这些价值观、资本以及治理必须将公共利益纳入对金融体系以及债权人私人利益的保护之中。这可以通过公司的税率得到促进，银行因在其价值观、资本和治理中融入公共利益而获得回报。银行应该自己承担起保护金融体系及其投资者的责任，我们也应该激励银行去这样做。如果它们不这样，中央银行和监管者就必然面临一个在避免金融体系失败和救助经营不善的银行之间做出抉择的困境（即所谓的"道德风险"问题）。这种两难导致了在这次金融危机初期阶段大西洋两岸对银行倒闭的迟疑反应，并在关于银行对企业贷款的公共政策方面产生了不利影响，正如第7章所述，该问题已经在英国出现了一个多世纪。

虽然保护我们的金融体系是很重要的，但它与最有价值的公共产品——我们的生存问题——相比就显得无足轻重了。在此，凸显出信托企业的一个显著特征：它不仅可以反映当前利益相关者的价值观，甚至可以反映子孙后代的价值观。

● 公地悲剧

假设两个人有一个拥有共同目标的基金，每个人都可以自由使用。经济动力的主要来源是预见到受现在的各项支出影响的未来享受会减少。如果一个人从钱包里拿出一个金币，余下的，即他今后可以花费的钱，就减少了一个金币。

但如果是从一个他与另一个人都拥有相同使用权的基金中拿出一个金币，情况则并非如此。落在每个人头上的损失只是一小部分，他在花费一个金币时就像是在花费半个金币时那样无须多做考虑。每人在决定他的开支时就好像整个合股都是自己的一样。结果，当众多合作伙伴都在不知不觉进行单独的支出而减少未来的享受时，经济动力完全消失了。

如果一个人把更多的牛放进自己的田地里，它们所消费的食物数量将全部从他的库存中扣除；而且，如果在没有充足的牧场之前，他不能从增加的牛身上获得收益，因为以一种方式得到的收益又会以另一种方式失去。但是如果他将更多的牛放进公共牧场里，它们食物消费的扣除将按照数量比例被所有牛分摊，既包括其他人的牛也包括自己的牛，仅有一小部分分摊到了自己的牛身上。

威廉·劳埃德（William Lloyd）1832年在牛津大学的两次演讲中第一次描述了"公地悲剧"。[25]公地悲剧不只是一个外部效应，个体没有充分意识到自身行为所造成的经济后果（从基金中提取资金对合伙伙伴的影响或者放牧的奶牛数量对另一位农场主的影响），而且是一种有损未来的对公共资产的榨取（基金的枯竭或者公地的过度放牧）。所以，环境的退化和物种的灭绝都源起于其公地特征。

当然，我们可以将公地纳入公有制，将它们按位置分配或者拍卖给人们去放牧，就像是机场航站楼的停机坪。这就引发了谁有权利以及在何种条款下去放牧的复杂问题。劳埃德认为，尽管它们是很复杂的，但并不像代表未出生的子孙后代的权利那样复杂。为子孙后代保护公地意味着什么？是按字面的意思使它们保持原样吗，即便它们现在是受污染的沼泽但今后有可能变成美丽的山谷？我们应该如何确定子孙后代是否会欢迎用可以创造出来的更健康的环境取代目前存在的生物多样性？

这些都是政府必须代表其公民做出的决定，并且是我们委托政府替我们这样做的。这正是问题所在，因为事实上我们并不信任它们。我们不相信政府会有如下行为：拒绝我们的贿赂而将更多的空地分配给别人的奶牛；建设小册子中描绘的美丽山谷；否决一项将土地整体出售给房地产开发商以换取一大笔资金的提案。我们有充分的理由怀疑它们是因为它们过去一直是这样做的。公地悲剧是一个错误的概要。它不是一个通常所设想的财产问题，而是一个治理失败问题。我们反对公有制不是因为它代替了普通的个人价值观——在生活中的许多方面我们都非常乐意接受它——而是因为我们不相信价值观将被履行。

事实上，在治理合理、履行有效的情况下，我们非常愿意接受甚至欢迎公共价值观。世界上最成功的公共服务组织之一是英国广播公司（BBC）。关于 BBC 有很多争论，包括其公共目的应该是什么，它向客户收费的水平，它的政治中立性，它的商业活动是否与其公共义务相匹配，以及它是否太大进而无法进行有效的管理等。但大体上，BBC 赢得了普遍的高度尊重，并因其在最具争议性的经济领域所发挥的作用而受到极大的重视。

BBC 一直这样运行了 90 年，原因是它拥有一个与上述信托企业类似的治理和商业结构。它根据一个公共章程运营，该章程由一家信托基金监督，其作用是确保公司遵守公共服务义务，不受政治干预。BBC 将通过公司交付的商业服务与通过信托基金所保持的公共价值观结合起来。当两者发生冲突时，BBC 必须通过信托基金和执行董事来解决这些问题。因此，它保护了公众广播的这块公地不受私人利益和政治利益的侵害。

公地问题是一个在企业中分配控制权的问题。信托企业按照与养老基金解决过去员工的养老金供给问题相类似的方法解决了公地问题。养老基金由当前的员工向基金缴费，过去的员工——养老金领取者——从中受益。当前的员工愿意这样做的原因在于他们知道当他们退休时也将成为养老基金的受益人，而且如果他们不履行对当前退休人员的义务，基金就将不复存在。只要人口不断增长或者生产力水平不断提高，能确保当前的员工预期退休时所收到的养老金数额超过他们必须上缴的用于支持过去员工的数额，养老基金就会发挥作用。然而，正如我们目前所经历的，当人口增长停止并且当前的员工预期从基金中撤出对自己更有利时，这个体系就会失效。

同样，利益相关者的长期利益可以通过在信托企业创造股东的跨际迭代而得到保护。如果当前科林·迈耶公共有限公司有一半股东的股份在 5 年后到期，还有一半股东的股份在 10 年后到期，投票权与股份未到期的时间成正比，那么 2/3 的投票权将属于后一组股东。在 5 年的时间里随着第一类股份到期日越来越近，后一类股东手中持有的投票权比例逐渐增加至 100％。5 年后，公司发行新的 10 年期股份来替代已经到期的第一类股份。到这个阶段，2/3 的投票权再次回到持有 10 年后到期股份的股东手中。

所以公司的控制权总是在较长期股东的手中，并通过如下方式解决了公地悲剧的问题。第一，控股股东在他们的第一个 5 年中保持公地的价值，以便于随后的控股股东在他们的第二个 5 年中有能力奖励他们。如果不这样做，他们就将"外部效应"（未获得补偿的利益）赋予后 5 年那些不承担过度放牧后果的股东。因此，这样就扭转了公地悲剧：目前几代人对未来几代人施加外部负效应；它通过将控制权分配给那些试图避免给当前几代人赋予外部正效应的未来几代人来实现这一点。

第二，尽管控股股东有能力通过限制在未来的 5 年里过度放牧来剥削非控股股东，但他们不会这样做，因为他们希望接下来的控股股东在他们的第二个 5 年时间里可以同样平等地对待他们。因此，信托企业通过确保管理层与那些对保留公地感兴趣的所有者共存的方式解决了公地问题。简单地说，如果有世代交叠的牧场主每一代都在公地上放牧 2 年，就总是会使得公地处于第一年放牧的农场主的管理之下。他们将确保第二年使用公地的农场主不会过度放牧，因为他们会担心在他们的第二年将为自己留下什么，但是他们也不会过度限制第二年放牧的农场主，因为他们希望第一年放牧的牧场主在下一年可以同样平等地对待他们。

实际上，通过重叠持股、增加较长期股东的控制权以及要求企业秉持价值观三者的结合，公司可以始终如一地保持长期股东的视野，反映未来几代以及当前利益相关者的利益。通过将控制权给予对长期保持资本价值感兴趣的股东，似乎未来几代的利益相关者已经被授予对公司现行政策的投票权。这并不是对未来几代利益相关者利益的滥用，股东如今变成被赋予发言权的一个载体。

通过价值观的选择，以及在关心价值观秉持的受托人委员会与关心资本价值的股东之间进行控制权的分配（即将控制权配置给有长期利益的股东），公司可以决定对不同利益相关者做出承诺的适当范围、程度和期限。迄今为止，我们尚未能清晰地定义公地中最有价值的方面；我们还没有决定谁为保护它们负责；我们也没有确保那些负责提供我们所看重东西的人，拥有所有权能使他们承诺这样做。因此，我们没有将措施落实到位以避免对公地的侵蚀，这不是世界的一个自然状态或者我们的短视或自利的结果，而是反映了我们未能建立起保护它们所需要的制度。在世界上的某些地区受这一制度失败的影响特别严重。

◉ 发展中国家

> 对那些你需要他们的信任的人展现承诺；
>
> 对那些背信弃义的人进行控制；
>
> 有坚定的控制就要展示坚定的承诺；
>
> 并坚决抵制资金缺口。

公司是一个两面派。它必须一方面证明人们对它做出的投资承诺是合理的，另一方面又对依赖它的人实施控制。很明显这是

银行的一项主要功能；它也是所有组织的核心内容。因为在每个
企业中，无论是大还是小，金融型还是生产型，都有人寻求对其
他他们不信任的人进行投资，也有人不能在他们无法承诺的方面
获得帮助。而公司就处于两者之间，它的资本广度、深度和长度
足以使其赢得所需要吸引的人们的尊重，并控制那些不能用同样
程度的承诺来回报它的人。凭借其控制，它将资本提供给那些没
有资本的人，并为那些没有资本就会被排除在商业活动之外的人
提供了通道。如果没有承诺和控制二者的共同存在，市场就会采
用最为基本的形式，即既不要求承诺也不要求控制的同步交易。
这一点在世界上那些市场通道最为缺乏的地方体现得更为明显。

1997 年亚洲金融危机之后，有一个传统的观点认为该地区的
许多问题都源于所谓的"裙带资本主义"——公共资源向强大的
企业利益集团转移。[26]其原因在于作为亚洲商业结构根基的大家
族以及大型企业和金融集团能够对国家政府施加不正当的影响，
解决方案是转向有着更分散的所有权模式、透明和规范、市场导
向的西方经济体系。

3 年之后，随着互联网泡沫的破裂，以及随后的安然、世界
通信和安达信公司的倒闭，美国分散的所有权和公司治理体系看
上去也不再那么美好了。10 年之后，2008 年的金融危机表明，
欧洲以及美国的银行业和监管体系也存在自身的问题。幸运的
是，对于西方国家对其公司制度的谴责，亚洲经济体并没有盲目
地重视，因此大部分都免于西方所遭受的后续危机。事实上，金
融危机之所以不是全球性的而是基本上局限于欧洲和美国，唯一
的原因在于，世界上许多国家没有采纳被广泛认为是银行业和监
管中的"最佳做法"——英国和美国的模式。如果世界其他国家
也跟随英国和美国的脚步，确实就会发生一个真正的全球性
危机。

为什么从华盛顿发出的建议如此不恰当？一个解释是它其实
并没有反映出美国经济成功的根本原因。美国的优势并不是它分

散的所有权、公司控制权市场及股票市场融资。正如在本书不同地方所提到的，在许多情况下，这些在美国都是不存在的或者与之不相关的。地方银行、家族企业、私募股权以及收购防御——也就是亚洲经济中令人生厌的所有特征——在美国同样存在。美国的真正优势在于它在具备了所有这些特征的基础上还加上更传统的市场特征，也就是说，它拥有一个高度多样化的企业和金融体系。相比之下，有着更为纯种的分散所有权和公司控制权市场体系的英国情况却不太好。因此，应从西方吸取的主要教训是多样性，而不是一致性。

多样性如此重要原因在于，要做到"对那些你需要他们的信任的人展现承诺，对那些背信弃义的人进行控制"，是件复杂而多变的事。在一些情况下，需要对许多利益相关方做出高度承诺；而在其他情况下，没有承诺并且实施外部控制则是十分必要的。它与企业的特性高度相关，比如企业是做什么的、位于哪里、经营时间是多久等。对一家企业适用的对另一家并不适用，对一个社会适用的对另一个社会并不适用，对一个技术时代适用的对另一个技术时代并不适用。随着国家、产业、企业和时代的变化，需要有多样性。[27]

全世界的产业政策和国际政策失败的原因在于，试图开出并不存在的解决方案这一药方。这并不是说什么都不应该做，毕竟还有许多问题尚待解决。然而，寻找正确的解决方案需要对国家、社会、产业和企业在特定时点所面临的特殊环境有一个准确和深入的理解，以便能把握承诺和控制之间的正确平衡并找到适当的实施方式。不存在简单的普遍法则，例如像经济合作与发展组织这样的国际机构力劝全世界的公司采纳的公司治理准则。它们可能有严重的危害，不仅因其倡导公司采用不恰当的流程，而且因为其对公司的行为施加过多的统一要求。因此，它们可能会造成全球系统性的失败，而这正是它们力图要避免的。

有证据表明，在发达经济体中，产品市场的竞争相比于公司治理对公司业绩的影响更为显著。[28]一些新兴市场的经验与此一致。尽管中国由国家主导的企业与印度家族所有的企业在公司治理方面很少有共性，但是这两个国家共同感受了其产品市场的自由化和放松管制所带来的有利影响。关于放松管制和竞争的重要性的一个例证与现在正在进行的一项金融改革相关。它并非发生在纽约的摩天大楼或者伦敦的董事会会议室里，也不是发生在北京或者孟买，而是发生在肯尼亚首都内罗毕的贫民窟和基苏木的市场里。它不是与新兴市场密切相关的小额贷款，而是处于金融范畴的另一端，金融体系中传统上最不令人兴奋的部分——支付。

这个革命就是移动货币——利用移动电话进行金融交易。人们不是去银行，而是去遍及肯尼亚的报亭，将现金换成他们移动电话客户识别模块（SIM卡）上的信用点，然后他们可以将其发送给肯尼亚境内的任何人。通常它用来为在内罗毕和其他城镇工作的人将钱转给那些在农村地区的人，后者再将手机上收到的信用点在当地市场上的报亭兑成现金。这种方式便宜而且安全，因为人们可以立即在手机上看到他们收到的与现金对应的信用点，从而绕过了银行体系。

移动货币正在改变发展中国家的金融。正如在这些国家的电话使用方面，手机超越了传统的固定电话一样，移动货币超越了传统的支付体系。自从开始以来短短6年的时间里，M-Pesa服务——由沃达丰的下属公司Safaricom提供的一项肯尼亚移动货币服务——目前所承担的交易数量比西联公司（Western Union）的全球交易数量还要多。M-Pesa服务有1 300万用户（超过了成年人口总数的50%），而且在70%的肯尼亚家庭有至少一个用户。[29]类似的进展也在其他地方发生着——到2011年年底，全球共有约140家移动货币企业。

监管当局对这一发展的回应决定了移动货币在不同国家所产生的影响。在一些国家，例如肯尼亚，当局认为移动货币不需要太多的监管。它是对的，因为移动货币的主要风险与打电话的风险一模一样，都是运营系统的故障，而不是金融体系的故障。因此需要对运营系统进行监督，而不需要审慎的金融监管。客户款项的持有可以依据正常的保管规则加以监管。[30]

肯尼亚当局所采取的这一立场不可避免地遭到银行的强烈反对，后者当然将之视为对其竞争地位的威胁。在印度，中央银行持相反的观点，认为移动货币是银行业务，应该同样加以监管，并由银行来提供。这事实上破坏了其他服务提供商进入市场的潜力。

移动货币对于发展中国家和新兴经济体来说是变革性的，对于发达国家也有着同样重要的借鉴意义。它表明，支付与银行业务没有或者不需要有任何关系。支付是关于保管与传递的。人们款项的保管可以由像保管银行（custodians）这样的机构来实现；传递可以由电话公司和银行来完成。银行不必参与所有环节——除非当局迫使它们这样做。

对发达国家来说，移动货币有可能克服传统银行业所遇到的产业融资方面的根本性障碍。作为支付系统的提供者，中央银行有理由担忧银行倒闭的风险，尤其是关系到整体经济的银行倒闭。正如我已经描述的英国的情况一样，人们因此试图通过鼓励合并来减少银行暴露于特定地方市场和经济体中的风险，从而避免银行倒闭。但这会以牺牲当地的关系型银行业务（relationship banking）为代价，就英国的情况来说，也就是会牺牲中小企业的长期贷款。

◉ 第3部分总结：我们应该怎么办

公司的成功取决于它平衡承诺与控制的能力。至今为止人们强调公司是一个载体，通过契约最大限度降低所需要素投入的成本来创造股东价值。但难免还有大量不受契约保护的群体，这些面临风险的群体作为公司的员工、客户和买主参与公司活动的意愿取决于他们对组织维护他们利益的信任程度。

为了提供这一信任基础，股东需要能够随着时间的推移对不同的个体提供承诺。但这对于以股票市场为导向的英国、美国经济体中分散的股东以及世界上大部分地区集中的家族所有者来说，都很难做到。第一种情况下的问题是弱治理以及继而对接管市场的求助；在第二种情况下，占据主导地位的家族的私人利益通常与公司的商业目标相冲突，所有权在代际传递时更是如此。

可信的承诺要求企业能够建立明确的价值观，并令人信服地展示出企业会受之约束。资本是问题的核心所在，其采用的形式是企业兑现承诺能力的重要组成部分。正如企业的股东价值观所强调的，股权资本原则上提供了一定程度上其他资金所不能提供的承诺。然而，这会被高额的股利分配政策或者积极的公司控制权市场破坏，两者均对股东施加了大量的外部控制。

当企业出现债务违约以至于债权人介入时，债务资本不能提供与股权资本相同的承诺程度。然而，它允许企业在不分散股权的情况下实现增长。在这一方面，银行融资是一种重要的机制，在世界许多地方，长期股东通过银行融资保持控制权。而银行体系未能为成长中的企业提供资金造成了分散所有权在英国的出现。

最重要的是，承诺和控制之间所需达到的平衡随着公司、行业以及时代的变化而明显不同。为了满足企业的需求，所有权、融资以及治理体系都需要具有多样性。试图通过监管来保护当事人只会适得其反，因为这样就强加了某种程度的同质化，而其一般都是不恰当的。相反，公司需要明确可以提供可信承诺的方式。通过董事会结构和所有权类型的结合可以实现这一点。

董事会可以是传统的由高管主导的模式，也可以是受托人委员会。股东可以是现在主导许多公司的分散的短期投资者，也可以是坚定的长期参与者。不同的治理安排和结构可以而且应该在同一国家和公司内部共存。有的公司拥有双重董事会结构和双重股权；在某些国家既存在有收购防御的公司，也存在没有收购防御的公司；还有一些公司随着发展，从根本上改变了它们的所有权和治理结构。

这些相异和不断变化的公司性质是其成功的来源，其原因在于企业作为承诺和控制机制所具有的功能。公司的所有权结构解决了公地悲剧问题，它们可以有助于子孙后代的幸福，而不是破坏子孙后代的福祉。在发展中国家和新兴经济体，它们显得尤为重要。此外，认识到税收制度在调整公私利益方面的力量，公司的社会贡献可以得到加强。

总之，迄今为止，我们的公共政策一片混乱，导致在单个企业、国家、当地银行、资本市场以及国际机构的各个层面上，承诺和控制都存在不足。这些影响对于我们的繁荣、安全和生存潜力的破坏是毁灭性的。我们将事情弄得如此糟糕也并不完全令人惊讶，马克·吐温曾说"如果人类创造了自己，那么他将为他的表现感到羞愧"，也许他是对的，我们的确如此。

第 10 章

没有结局

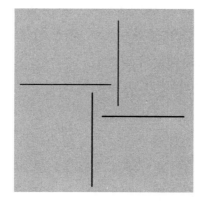

"你生活在人世间，这是没有办法的。"

——塞缪尔·贝克特《终局》里的哈姆如是说

● 在尼罗河中

现存最古老的船仅在这个世界上航行过一次，而且那次航行是运送一具遗体，即死于公元前 2566 年的胡夫法老（Pharaoh Khufu）（又称基奥普斯（Cheops））的躯体。那次航行将遗体运送过尼罗河，将它放置在胡夫大金字塔中安息。不仅胡夫的遗体保存完好，停放在大金字塔旁边深坑里的葬船也是如此。事实上，它被如此完好地保存了下来，以至于人们在 4 500 年后的 1954 年发现它时，可以将之完全修复。

将法老的葬船埋在法老旁边的重要意义在于尽管这是它今世的最后一次航行，但一定不是来世的最后一次。在到金字塔的短暂航行结束之后，葬船被用于运送胡夫与太阳神阿顿到达西方世界的尽头。在那里他们与死神俄赛里斯一起驶向阴间。阿顿在船上继续航行直到第二天的早晨在东方升起，并从此日复一日。法老同时还做了一切可以让他加速回到现世的事情——制作面具和木乃伊、存储重要的世间财物以及明确到达阴间的方向——以便于在另一个世界他不灭的灵魂可以与在这个世界他保存完好的躯体尽早地重新合二为一。既然相对于他脆弱的生命来世是漫长的，那么对于法老来说将现世生活的相当大精力投入到来世的生活是很有意义的。

宗教不仅是法老来世生活一种重要的保障形式，而且是他现世生活中一种强有力的控制手段。向神的祷告必须通过由他任命的祭司和建造的庙宇进行，通过采用这样的方式，法老确保了无论是现世还是来世人民对神的依赖就是对他的依赖。当阿蒙霍特普四世（Amenhotep Ⅳ）打破了多神论而立太阳神阿顿为唯一合法的神时，通过削弱靠宣扬多神论谋生的祭司们的地位，其权力得到了加强了而非减弱，以至于祭司们一旦等到机会来临，就迫使法老的继任者图坦卡蒙（Tutankhamun）重新恢复了之前名誉扫地的诸神的地位。

后来出现的宗教运动是对这种大统一的控制结构的反抗，也是试图对人们远离法老的精神命运（如果不是肉体命运）做出奖励。独尊一神而反对多神允许建立一套连续的规范，提供了社区的道德基础以及正义的理念，而这些不单是由皇家法令决定的。《古兰经》（3：103）上提到："你们当全体坚持真主的绳索，不要自己分裂。"

公司将我们的物质幸福置于与埃及人的幸福一样的处境。我们不被允许质疑作为公司基础的道德原则。我们被要求接受股东是至高无上的，就好像它是由无上的神权赐予给我们的一样。我们不能反对分析师、基金经理以及金融机构的判断，就好像他们是对我们的命运有着独特洞察的祭司。我们被一个无法影响并且显然无法逃避的结构控制着。

至少你可能认为，与法老不同，公司无法控制我们的来世。其实，即便在这一点上你也大错特错了。埃及法老知道，纵然倾尽全力，他们也无法束缚其继任者——权力从阿蒙霍特普四世（后改名为阿肯那顿（Akehenaten），意思是"阿顿神的鲜活灵魂"）到他的儿子图坦卡蒙（意思是"阿蒙神的鲜活形象"，从图坦卡顿（Tutankhaten）更名而来）的过渡就说明了这一点——一个法老的行为对下一个法老来说并非不可逆。形成鲜明对比的是，公司的活动可能对后代产生实质性的持久影响，既包括积极的方面也包括消极的方面。它不是威胁到当前一代人的来世生活，而是威胁到所有子孙后代的现世生活。鼓励人们关心自己的来世生活相对容易，但使他们关注继任者即将面临的生活就要困难得多。我们尚没有形成类似于阴间这样的跨际迭代方式去解决子孙后代悬而未决的命运问题。

公司不道德的本质与无法将子孙后代的福祉内化于公司行为有着内在的联系。古埃及的宗教控制结构将权力和财富集中于少数人手里。尼罗河创造了一条狭长而又肥沃的农田，法老通过向依靠它生活的农户征税来榨取经济租金。法老们有一个防止逃税的可靠系统——通过使用水位计来监测尼罗河的高度，并由此决定在既定的年份他们可以预期获得多少税收。

同理，公司是最短期股东榨取经济租金的工具。通过接管和对冲基金积极活动等胁迫性的干预行为，他们可以绑架包括长期股东在内的所有其他利益相关者。像法老一样，他们有一个可靠的方法来确定他们可以预期获得多少租金：将控制权拍卖给出价最高者。最短期所有者所拥有的权力将控制权和财富集中于他们及其代理人手中，这也是导致他们除自己之外不考虑其他任何一代利益的根源。竞争可能会给他们的客户带来一些好处，但是由于把公司的视线过度聚焦在短期走势上，除了最直接的一代人，其他所有人的福祉都被忽视了。因此，我们不应该依靠竞争来守护我们的后代。

从公司逐渐消亡的是除了为股东提供价值之外的价值观。通过公司所有权和控制权的结构变更，我们已经发展出了没有原则的公司。这些原则本应衍生为股东价值创造过程的一部分——如果公司善待客户，那么它将因此改善其市场地位和业绩表现，但情况也不必然如此，因为它根本不关心客户或者员工。

这是一个既令人好奇也让人沮丧的事态。我曾听到大型电信公司的CEO们沮丧地谈论他们试着给电力公司或燃气公司打电话的经历，而他们深知数百万人每天都要从他们的公司忍受同样的服务水平。作为CEO，他们赞颂成本削减和生产效率提高；作为消费者，他们不满于糟糕的客户服务。如果有人质疑，他们开始会否认自己的公司存在同样的问题，而最终会暗示他们无能为力——他们也只不过是公司神圣力量的棋子。

● 交托

本书既是对公司的批评也是对公司的颂扬。公司已经引发了环境、社会和经济的灾难，并将越演越烈，所以对之加以批判，而本书第 1 部分所描述的目前公司的概念本质是批判得较多的地方。本书颂扬了公司对科技发展、就业和繁荣所作的贡献，但颂扬更多的是公司向前发展中尚未实现的潜力，即本书第 3 部分的主题。公司概念的失效与未来的潜力在形成我们今天困局的过程中被关联起来，这正是本书第 2 部分的主题。

公司当前经济模式的缺陷是没有意识到它的显著特点——事实上它是一个独立的法律实体。公司作为独立法律实体的意义在于它因此有能力承担起不同于其所有者和股东可以实现的约定。当前的模式将公司视为股东的工具，强调了公司在结合资本和劳动力等生产因素、降低交易成本以及作为与不同群体的契约集合体方面的作用，却未能理解它在促进经济效率和繁荣方面所发挥的更为重要的作用。它可以按照某种方式对其他方做出承诺，而这是其所有者凭自己的力量所无法实现的。

当前的模式也未能对公司一些最重要特征的意义做出解释。在不承认企业作为独立法律实体的传统企业模式下，与股权融资相比债务资本作用有限；在企业被视为独立法律实体的情况下，债务资本则非常关键。权益资本与债务资本的比例是组织承诺程度的重要组成部分。债务形式的融资施加了一定程度的外部控制，这一点即使是更多承诺的股权资本也无法实现。控制权不是来自股东的投票权，而是来自对融资、再融资以及最终终止公司经营的决策。在缺乏充足的债务融资的情况下，比如由于银行对中小企业的贷款不足，公司难以获得融资，并且资本的参与程度也不够。它们变得过度依赖于股东，股东的承诺是至关重要的，股东寻求通过自己行使控制权来弥补银行参与的不足。

为使股权成为一种有效的承诺形式，股东必须放弃对企业经营的部分控制权。在这一点上，股息政策很重要。股息占利润的比例决定了股东的外部控制权以及对董事自身可以向其他人提供可信承诺的程度的限制。同样，公司控制权市场允许股东在没有得到管理层许可的情况下对公司政策施加改变，但是如此一来却破坏了管理层向其他群体提供承诺的能力。

公司以三种方式提供承诺——第一，决定组织的价值观。这与不同群体投入的价值有关，并且公司无法就此与之正式订立合同。例如，它需要某种类型的熟练工人的承诺和奉献，其中一些可以通过签订合同来实现的，但大部分不行。第二，公司必须能够将兑现承诺的能力委任给其他人，因为所有者自己是无法提供这一能力的。第三，它允许所有者将他们的投资期限与公司必须承诺的期限统一起来。

因此，公司需要三个原则。第一个原则是公司应该拥有价值观。它们应该明确地宣称其价值观是什么，而且价值观应该是多重的。它们应该崇拜多位神，而不是一个。公司需要多神论，因为我们希望创造很多社区而非一个。我们希望多元化蓬勃发展，人们可以在不同的公司价值观体系之间进行选择。

价值观必须是可信且一致的。它们必须被相信且是持久的。它们必须承受住时间和逆境的考验——不论福祸、贵贱、疾病还是健康。当经济衰退迫使公司回归到更传统的股东价值论时，公司的社会责任被理所当然地认为是空洞的修辞而抛弃了。为什么我应该相信一个被匿名、机会主义、自利的财富追逐者所拥有和控制的组织？没有承诺，就没有信任公司的理由，无论它制作精良的宣传材料写得多么天花乱坠。价值观需要价值。它们需要对那些坚守它们的人来说有价值，而对那些不坚守的人来说代价高昂。它们需要使那些滥用的人遭受痛苦，让那些不滥用的人获得收益。公司的社会责任在所有这些方面都失败了。没有与之相关联的价值观，不遵守它也不会导致价值损失。

从价值观衍生出来的就是其他群体对公司做出的承诺。若没有能使投资者、员工、供应商以及购买者相信的价值观，他们将不会进行对公司有利的投资。价值观的价值就是被信任的公司产生的这些投资的价值。为了维护这些价值，公司必须杜绝从事那些可能有损其投资的活动。有权力滥用信任的公司所有者和董事必须将自己绑在桅杆上，以阻止自己这样做。当奥德修斯航行通过塞壬女妖时，必须求助船员用绳索将自己紧紧绑住。

第二个原则是公司必须求助于第三方，以阻止自己未来违约。这些第三方就是企业价值观的监护人或受托人。他们没有管理这个组织的行政责任，而仅仅是确保组织所宣称的价值观在任何时候都受到所有相关方的尊重。它们是公司不同利益相关者的受托人，类似于作为信托受益人代理的受托人。他们是公司的祭司和拉比（rabbis），解释公司的价值观并时刻弘扬他们对这些价值观的坚守。他们的存在改变了公司的特性，使之从一个纯粹的代理机构（董事作为股东的代理人）转变为一个混合式的信托安排（由受托人委员会代表公司指定的利益相关者）。因此，执行董事继续保持与投资者之间的传统代理关系，代表他们管理资产，并遵守由受托人执行的组织价值观。

与传统对公司的描述所不同的是，公司的行动受到价值观的限制。价值观提供了具有约束力的承诺，这对组织目标的可信性是必需的，而在企业社会责任运动的模糊愿景中并没有出现。股东必须忍受的痛苦是放弃对自己有吸引力但要以牺牲他人为代价的机会。如果不遵守价值观的代价超过了它们的价值，那么对组织价值观的信任就是合乎情理的。

公司是一个岛屿，其活动会变化，财产会转移，而构成保持不变。员工、客户和供应商选择希望与哪些岛屿建立联系，以及最尊重哪些公司的价值观。他们对公司价值观持续性的信心又进而鼓励了他们对公司做出承诺和投资；否则，他们就不会这样做。在公司引入信托提供了一个固定点，投资者和利益相关者可以围绕它聚集起来；而没有信托则缺失了这个点。

任命受托人委员会并不总是适合所有公司，而是主要与公共有限公司相关，这类公司有足够宽泛的投资者参与来维护公司重要的价值观。占主导地位的股东可以设定公司的价值观，并任命首届受托人委员会去监督价值理念的执行。所以，信托可以允许创始人股东确保他所建立的价值观得以保留，其创建的公司能长久存在。

信托是一个独立于高管的机构，受托人委员会提供了比现行安排更加有效的治理方式。目前，非执行董事既是高管的顾问又是其监督者，这不可避免地会产生混淆。在信托企业，两个功能被有效地分离，执行委员会中的非执行董事扮演着高管顾问的角色，而受托人则负责监督高管是否遵守组织的价值观。除了加强信任和承诺，信托企业因此也解决了更传统的问题，即在股权分散的公司中所有权和控制权的分离所引发的治理失灵。

一家有道德的企业的第三个原则是允许将强化的控制权授予那些承诺长期投资于公司的股东，因此它还有一个必须执行的关键功能——确定组织的股权结构。在出售股份之前可以最短期限地持有股票，从而允许投票权控制集中在长期投资者手中。控股股东承诺将长时间与公司在一起，他们需要一定的时间来实现其投资回报。除了能够维护多重利益相关者的价值观，股东也能够以一种目前很难做到的方式促进长期投资，之所以如此是因为股票市场为他们提供了便捷的退出路径。

依据时间持有股权的一个显著特征是它们能够维护子孙后代的利益，从而解决公地悲剧的问题。通过将控制权与公司的长期业绩挂钩，股东用行动促进了现在与未来其他利益相关者的参与。这与当前股东对公司施加的影响正好相反，他们以牺牲当前利益相关者的将来参与为代价来对之加以剥削。之所以这样做是因为他们今天可以从中受益，并以牺牲子孙后代为代价来获得好处。相反，如果收益仅产生在未来的某个时点，那么股东会希望现在的行动能使未来的价值最大化，并将相应地奖励他们的管理层——而这是短期股东不会做的事情。

这三个对当前做法的简单改变——建立公司价值观、创建一个受托人委员会作为价值观的监护人以及允许股票与时间相关联——共同解决了当前和未来几代人破坏信任的基本问题。认识到公司的成员可以从股东扩展到其他利益相关者，以及平等对待股东不同于平等对待股份，可以实现上述目标。公司应该将有助于其发展的各方利益纳入其中，不仅反映承诺的广度和深度，也体现出承诺的长度。

公司变成了我们商业良心和永久经济福利的监护人，而不是我们的遗产和继承权的破坏者。通过建立一种利益相关者愿意投资的工具，它为目前被排除在外的人提供了进入的途径。知道其承诺将得到尊重，并被反映在公司相应的持久承诺之中，他们就会做出公司所重视的牺牲。这一相互尊重创造出一种有益的自我激励关系，而这在目前是不可能实现的，因为公司无法坚持长期承诺。

信托企业提供了一种在分散所有权公司的向前看特性与纯粹的信托之间的恰当平衡。前者不受过去承诺的牵累，是理性的组织，精打细算而且残酷无情，总在寻找最适合其未来的安排，而不顾对他人的影响。后者被限于永久保持创建者的最初价值观，是坚实可靠和值得信赖的组织，它坚持自身的原则，即使周围的世界发生了变化。当我们系统地抛弃信仰而选择理性的时候，选择了前者而放弃了后者。幸存者似乎表明，只有纯粹理性的前瞻性组织可以在企业互相吞并的竞争性社会中生存下去。

事实并非如此。与分散所有权企业相比，家族企业在世界各地持续生存并实际上占统治地位就证明了这一点。如果企业的经营无须考虑其他人的参与和承诺，那么确实理性、精于计算和前瞻性的组织将会是唯一的幸存者。但它们不是，也不应该是，因为公司既依赖于许多其他群体，也具备帮助他们繁荣发展的潜力。

信托企业所做的就是解决公司的道德原则问题、股东之外的利益相关者的利益问题，以及对长期投资的促进问题。它也可以考虑到超出了公司投资者和利益相关者的更广泛的公共利益。受托责任既可以扩展到公共利益也可以扩展到私人利益，既可以用于慈善目的也可以用于营利目的。受托责任可以是部分社会责任，部分个人责任。它可以确保公司遵守某些公认的准则，而公司税收制度可以用来将公司个体的激励因素与公共价值观相统一。这就解决了先强加规则，公司然后又寻求规避的监管问题。受托人见多识广，既能行使规则又能自由裁量，因此，消除了监管的同质化问题以及监管者所获信息不足的问题。

由于对公司的信任已经瓦解，我们转而投向政府来维护社会价值观。信任对那些对国家行使垄断控制权有政治动机和野心的个人不比受利益驱动的匿名所有者更具吸引力。阐述了健康的原则并展示了有效实施办法的公司在秉持信任方面提供了比政府更加可靠的机制，并提供了将国家的边界转移到私人部门的自然形式。我们可以创造真正的公私合作模式，在这种模式下，公共利益和私人利益同时体现在公司的价值观中。而当前由政府尝试与公司订立合同的方式难以奏效，公司只关心它们用最少的努力可以从公共部门获取多少利益。

公司治理与所有权安排的结合创造出多样性的机会，使得公司的边界可以延伸到国家以外。随着我们的信任从中央集权的政府转移至创造了经济福利的多元化公司，在当前界定的国家层面上建立公共原则的必要性就减弱了。由于一些活动中的个体具有物理固定性，确定当地的公共规定和原则就显得很重要。但是不断扩大的互联互通和交通网络使得传统的国家界限变得不再重要了。公共原则需要建立在全球的层面上，因为正如塞缪尔·贝克特所说，你无法从世间逃避。随着国家、社区的概念衰落，我们正日益成为全球社区的一部分，它是由一套共同的价值观黏合起来的。

建立公共价值观和私人价值观、信托以及董事会发挥代理作用，以及具有时间依赖性的长期控股股份解决了当前的根本性问题，即对当前利益相关者以及子孙后代的剥削。例如，与本书开头所描述的公司失败形成对照的是，移动电话和纳米技术信托企业将推动自主研发，不仅要验证其产品是安全的这一命题，而且高度自信地要验证一个更为严格的命题：产品被推定为不安全的，除非被证明并非如此。

这类研究初看起来似乎与公司自身的利益相悖，从事此类研究的压力来自两个方面：第一，受托人委员会将希望公司所从事的研究与其价值观相一致，并维护其利益相关者以及股东的福祉。第二，企业的控股股东将迫切需要这样的研究以确定他们是否有可能要承担其投资所来的危害性后果。他们也将因此促进必要的研究以确保公司投资的长期安全。这将降低融资成本，提高经济效率以及促进道德企业的发展。

太阳下面没有新鲜事。基于此提出如下疑问合情合理：如果信托企业如此令人满意，那么为什么时至今日它们并没有更广泛地出现？我们已经看到了我们是如何沦落到了今日的境地的。分散的所有权作为一种为内部扩张和企业合并两方面进行融资的形式而出现。对银行系统的干预使之恶化，从而破坏了银行的长期融资，并造成了对股权融资的过度依赖，其根本影响是建立了一个普遍缺乏承诺的持股群体。结果是，公司的所有者无法在不放弃控制权的情况下对继任者的自由裁量权加以约束。股东可以放弃投票权，但是要以任由公司受不负责任的董事摆布为代价。这是一个没有吸引力的选择，说明了为什么公司不愿予以采纳。

与信托企业的道德特征不同，今天的公司被锁定在一个"低信任度"的均衡状态，投资者与利益相关者都不愿意进行长期投资，而企业只能做出进行短期投资的适时回应。没有人可以独立偏离这种均衡，只有短期投资者可以受益。信托企业通过使公司控制权与相关各方的长期利益相一致，提供了一种可以实现突破的方式。它是通过解决全世界经济的根本缺陷——违约风险，即不能坚持与兑现合同中明确的承诺或者关系中默许的承诺——来做到这一点的。它不是一个关乎信息、交易成本和税收的问题，而是一个已经造成了信任崩溃以及供应、购买或雇佣障碍的问题。通过持有足够的资本广度、深度和长度，信托企业能够提供用以纠正合同与市场失败所需的承诺。

● 企业政策

不仅分散所有权的英美体系存在缺陷，主宰欧洲大陆和世界其他地区的家族企业集团也有问题。尽管没有被短期主义折磨到与其英美同伴一样的程度，但是它们饱受如下问题之扰：家族利益与企业利益之间的冲突，家族成员之间的内部争斗，以及家族所有者世代继承的问题。政治进程被伦敦与华尔街的金融机构以及世界其他地方的家族王朝控制。

解决分散所有者与家族所有者两方面缺陷的方案不是将权力转交给作为"普通民众"的公司高管们。最近几年已经出现了董事会为提升自身的福利而损害其他人利益的情况。有着不同伪装的强大的利益集团在世界各地盛行，法律或者政治体系都不能客观地对其加以控制。它们的错误观念使我们产生了一种虚假的信任：我们选出并委任的代表有能力代表我们去控制未经选举、自我提名的世界财富的所有人和管理者。

我们应该接受这些安排是徒劳无用的现实，不能再继续认为通过将其在更大范围应用可以对其进行补救。随着公共政策逐步变得更具限制性和无效率，我们正在见证一个追逐更大私人利益的螺旋式下降。我们应该要求在政治经济中停止这种失败的实验，并从其他地方寻找管理 21 世纪商业事务的替代方法。

尤其是，我们应该依靠公司本身去带头纠正自身的缺陷。停止依靠政府、法律或监管者来提供解决方案，并转向公司去着手解决其自身的问题。从基本的原则开始，公司的目的是什么，它寻求实现的目标是什么，以及需要什么来实现这些目标。明确公司的目标对公司的结构——所有权与治理的安排——意味着什么。然后考虑公司的利益如何才能最好地与更广泛的社会利益相一致，以及可以提供什么激励来鼓励它追求超越自身志向的抱负。

采纳这些建议需要四个阶段。第一阶段是一个范式转变。这里提出的想法需要仔细审视，如果证明是稳健的构想，那么它们应该提供重新定义传统观点的依据。第二阶段是教育。如果是正确的，新的观点应该从学术刊物上快速移至商学院、法学院和政府学院的课堂上。我们应该认识到我们教给学生的工具存在缺陷并进行反思。

第三阶段是调整各国政府与经济合作与发展组织和世界银行等国际性组织的政策处方。第四阶段是新的结构和体系被全世界的公司广泛采用。它们不仅要渗透到现有的企业当中，而且应该被转换用于新企业的创造，在发展中国家和新兴经济体中更是如此。

从业者和决策应该如何应对呢？第一，行业领导者应该认识到所有权和治理是公司战略定位的核心问题。他们应该大胆地实施冲击传统的新安排。一种单一分散的流动性持股类型——其单一董事会主要由持短期合同的非执行董事组成——可能适合某些企业，但不是所有企业。其他企业应该考虑包含多于一种股份类型的迥然不同的安排：非单一的双层董事会，每层有不同比例的非执行董事，实行董事会成员轮流制。第三类企业需要把这些结构组合起来。所有者和董事不应该拘泥于特定的安排。他们应该认识到价值观、所有权和董事会需要随时间的推移而灵活变化。企业的目的不应该是一成不变的，而实现它们的手段也应该是发展演变的。

第二，政策制定者应该检查其法律、法规或惯例是否有阻碍多样性和试验性尝试的特点。发行不止一类具有不同投票权（从公司法、金融监管或金融机构和金融市场的实践偏好中衍生出来）的股份是否存在障碍？规则或建议是否造成了董事会构建和公司治理的过度统一？政府或中央银行的政策是否限制了特定类型金融机构和金融活动的发展，例如为中小企业提供银行贷款？在股票市场相对不发达、股市融资受到限制的国家，对小型投资者是否有足够的保护？公司是否有足够的自由度来决定其暴露于恶意收购和公司控制权市场的风险程度？公司治理和股权结构影响企业的竞争能力，也影响国家的竞争优势。

随着时间的推移，我们已经意识到不存在要求我们必须屈从于其他人权威的自然秩序，无论他们是智者、祭司、国王还是神灵。我们可以创造概念和机构来帮助我们而非征服自己。但是在这么做的同时，我们需要确保由此产生的安排确实是实用的且优于之前的安排，在实现它们的过程中不需要花费高昂的成本。我们已经多次感受到了新秩序激动人心的一面，并认为通过暴力手段来建立新秩序是合理的，到头来却发现所谓的乌托邦不过是一个人间地狱，它所造成的苦难摧毁了无数参与其中的人。本书的建议不需要有骚乱、暴力以及对资本主义制度的根本改变，而只是对迄今为止我们创造出来的最非凡的组织做适度的修改，给它一颗道德而非邪恶的心——成为梦游仙境的艾丽斯，而非科学怪人弗兰肯斯坦。

当一个人坐在轮船的甲板上沿尼罗河顺流而下时，如果他相信自己此时正轻轻地从古埃及划过也是情有可原的。毕竟，帝王谷旁边的丘陵还闪烁着与 3 000 年前一样的金色光芒，小帆船仍以由来已久的方式优雅地划过水面。偶尔，你可能会往沙丘之间瞥一眼，并想象一下外面的世界：可以是亚马孙的森林、极点的冰山；可以是其锋利的牙齿可以将人撕碎的猫科动物以及头可以触到树顶的长颈动物；也可以是一个永恒的世界以及我们创造这样一个世界的方式。

纲要

概念、结论和意义

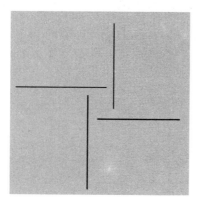

"任何可以简要说明的事项都应被留下。"

◉ 第1部分：概念

- 大部分关系基于信任而非合同。
- 为建立信任有必要展现承诺。
- 承诺需要认缴股本，它不可逆，退出须付出代价。
- 承诺的资本总量取决于资金的数量、范围和时长（深度、广度和长度）。
- 公司的关注点应该放在它们做什么和生产什么，而不是它们价值多少上。公司应该关心它们产品的质量以及利益相关者的生活质量。
- 财务效益是质量和可靠性的结果，但质量和可靠性不是财务效益的结果。
- 公司可以将基于激励、所有权和控制权的传统观点与本书所呈现的另一种基于义务、责任和承诺的观点相结合。
- 公司是一种承诺机制。
- 公司具备这样的能力源于其独立的法律形式，以及所有权与控制权的分离。
- 公司尤其能够解决违约的威胁，而这是合同和市场的主要缺陷。
- 通过纠正合同和市场的缺陷，公司能够既促进经济效率又促进社会福利。
- 有道德感的公司是具有经济效率的公司，而且是国家竞争优势的来源。
- 股东投入的资本不受合同的保护。作为交换，股东被授予一定的公司控制权，董事对股东负有受托责任。
- 其他利益相关者投入的资本只能部分或不完全地受到合同

的保护。

● 其他方的利益是从股东利益衍生出来的，并非他们自身的基本权利。

● 合同提供的保护受到合同范围和合同有效性的限制。

● 其他方面临的风险打消了他们参与公司管理的积极性，并将一个经济体中的资源扭曲地配置给那些从他们身上转移财富的活动。

● 利益相关者对公司活动的参与需要公司能够向他们展现承诺。

● 声誉只能在提升公司的盈利和股东的价值方面保护利益相关者的利益。

● 监管所鼓励的操作性行为可能对其他利益相关者是有害的，例如，使董事的利益与股东的利益更为一致。它在本需要多样性的地方强加了统一性。

● 通过以下安排并不能实现有效供给商品和服务、创新技术和提供就业的目标：将财产权授予一方，并通过合同和公法来对其他方实施不充分的保护。

◉ 第 2 部分：结论

● 迄今为止对在各国出现的承诺和控制的关注较少。

● 公司的本质在过去的 150 年里发生了显著的变化，从被牢牢控制的家族企业发展成为由机构广泛持有股份的组织。

● 所有权在英国和美国变得分散，是公司通过发行股票来为其成长融资的结果，尤其是通过并购的方式。用现金进行收购导致权益资本从公司撤离。

● 在股东分散的情况下，公司治理的失败促进了公司控制权和股东活动市场。

● 收购反映了对公司未来战略而非不良业绩的分歧，因此它并不是要惩罚业绩不佳公司的管理不善，而是要让表现平庸者做出战略改变。

● 恶意收购破坏了董事以及股东向其他方提供承诺的能力。承诺的问题由此在所有权分散的体系中变得更为尖锐。

● 英国和美国的金融体系经常被归为一类，其实两者有着根本的不同。美国从多样性的所有权、控制权和融资形式中获益，这是美国竞争优势的来源之一，而英国不存在这样的多样性。

● 只有英国的公司暴露在被收购的危险之中。它们不具备在世界大多数国家都很普遍的所有权保护，也没有美国的反收购条款来捍卫自己。

● 尽管英国经常被称为公司治理标准的典范，但其面临的公司收购风险减少了股东的承诺。

● 在其他国家，企业及大公司更多地依靠银行来寻求外部融资。结果，集中所有权制度，尤其是掌握在家族手中，在其他地方很盛行。

● 为初创企业和中小企业提供银行融资和风险投资需要在投资者和企业之间建立密切和知情的关系。

● 这些在英国受到了破坏，因为对银行脆弱性的担心促进了银行在伦敦的发展却不利于对企业的贷款。

● 公司所有权在各国之间有显著的区别。

● 不同形式的所有权既有优点也有缺点。

● 分散所有权制度中的匿名性控制了股东暴露于其他方的风险，但是也阻止了他们做出承诺。

● 另一方面，在集中所有权制度下，大股东和公司之间存在利益矛盾。追逐私人的家族利益会以牺牲公司的商业利益为代价。

● 公司的目标在不同的国家所有区别。在英国和美国，管理层专注于股利分配；在其他国家，就业保护受到更多关注。

● 资本主义不断演化的危机反映了对作为一种承诺机制的公司的侵蚀，在许多国家是由占主导地位的家族股东行使过度而非不足的股东控制权造成的，而在其他一些国家则是由分散的所有权市场导致的。

● 在承认分散所有权制度的优势并加以利用而非反对的同时，也需要一个解决其缺陷的方法。

◉ 第 3 部分：意义

● 需要在承诺和控制之间取得恰当的平衡。

● 承诺的提供需要有可信的价值观、有效的治理和长期的持股。

● 市场价值充其量是对公司长期前景的不精确度量，而投入到不同用途中的资金的成本通常是比市场价值更相关的考虑因素。

● 股东价值是一个结果，而不是一个目标。不应由它来推动公司的政策，而应将其视为公司的一个成果。

● 在信托企业，公司的价值观由受托人委员会来维护，股东的表决权根据其投资的承诺时间按比例集中于记名股东。

● 受托人委员会和股权期限共同决定了资本承诺的深度、广度和长度。

● 通过允许无记名股票的自由流通，流动性的好处得以保留。

● 流动性和流通性市场的重要性应被承认，但是公司应避免其对实际生产活动产生影响。

● 现有的理论未能充分认识公司财务在平衡公司的承诺与控制中的作用。认为公司财务无关紧要，或者仅反映了交易成本、税收或信息问题的理论是不正确的。这是最为重要的一点。

● 股利分配减少了承诺的资本量，增加了股东的控制权。当公司业绩不佳时，高水平的杠杆增加了债权人的控制权。这些可能都阻碍了其他利益相关方的参与。

● 公司既可以发挥公共职能也可以发挥私人作用，却并不产生目前存在于公共承包商与私人供应商（由公私合营企业和受监管的民营企业提供公共产品和服务）之间的矛盾。公司税收制度可以用来推动这一点。

● 通过设立跨际迭代的持股，并将控制权赋予那些拥有最长的剩余所有权期限的人，公地悲剧和环境破坏问题可以通过信托企业来得到解决。当治理结构设计合理并且有效实施时，我们完全愿意去接受甚至是欢迎公共的价值观。

● 公司因此能够成为负责任的组织，维护公共和社会利益，不需要依赖政府和监管者替它们做这件事。

● 这就使政府和监管者能将重点放在相关的宏观性、系统性以及国际性问题，而非那些对于个体组织运作的微观忧虑上。

● 公司的承诺这一观点为我们提供了一种对于世界各地存在的资本主义多样性以及不断变化的公司性质的自然解释。例如，它解释了双层股权结构和金字塔持股结构的盛行；公司为何采用复杂的有限责任子公司结构；为什么英国的公开上市在缩减，而私募股权在增长；毒丸计划的使用和反收购法令在美国各州的盛行；轮选董事会的持续存在以及股东控制权的局限性。

● 需要有多样化的公司形式来满足国家、行业和企业的不同需要。尤其是，发展中国家和新兴经济体企业的需要与发达国家成熟企业的需要完全不同。

● 公司价值观、所有权和控制权应该随着企业、行业、国家和时间的不同而发生变化。

附录

信托企业

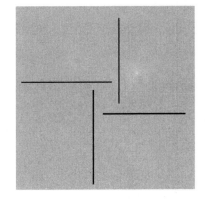

如果去掉附录*，读者不应该感到有所损失。

改编自萧伯纳《医生的困境》的前言部分

虽然本附录提供了关于信托企业的进一步说明，但它不应该被认为是一种规范性或者限定性的描述。相反，本书主张所有权和治理结构的多样性是公司的首要目标。在这样的背景下，信托企业应该被认为是一种外壳，包裹之下的公司可以选择它们喜欢的所有权和治理方式，本附录对于信托企业可以采取的形式提供了一些初步、试探性的建议。

信托企业有三个组成部分——所有权、委员会和价值观。

◉ 股份所有权

信托企业为股东提供特定时期的所有权登记。在此期间，股份不能从所登记的个人名下剥夺（即不能转让）。当登记期结束时，可转让性得到恢复，股份按正常的方式在股票市场和其他地方交易。

在登记期间，股东的投票权是根据股票登记未到期的年数（或一年的部分时间）按比例分配的。例如，如果一名股东于2010年5月12日从科林·迈耶公共有限公司购买了1 000股登记期为10年的股份，在购买之时（及一年之内），他们拥有10 000股的投票权；到了2012年8月4日则拥有8 000股的投票权；到了2019年5月12日，他们的投票权将只剩1 000股；而到了2020年5月12日，股份将变得没有投票权且可进行交易。

公司可以在股票发行时限制登记期限的选择，例如，只能为0年、1年、3年、5年或10年。公司可以赋予股东在终止日期进行重新登记的权利，允许将当前的非登记股份转为登记股

---

* 附录的英文 appendix 还有阑尾的意思。——译者注

份。正常的优先购买权仍适用，当前股东有优先的权利去认购新发行的股份，如果不行使该权利也可将其售出。

投票控制权与股东承诺相结合可能涉及部分而非全部股东资本的不可转让。股份可以在到期日之前有损失地赎回，投票权需要做相应的调整。例如，如果股份可以被股东在任何到期日之前按公司未登记股份市场价格的50％赎回，那么与这些股份相关的投票权应该是那些无法赎回的等量股份的50％。

相反，公司有权在预先设定的条件下回购登记的股份，例如，以未登记股份市场价格的溢价买入。这将允许收购方通过购买登记股东的投票权股份而获得公司的控制权，但是将接受收购要约的决定权按照股份未到期时间的相应比例交由登记股东。因此，非登记股东不会影响潜在收购的结果，但是等价规则赋予他们在同等条件下向登记股东出售股份的权利。此外，根据当前的"挤出规则"，一旦一定比例（例如90％）的投票权被收购了，收购企业可以强制购买未到期的（记名的和无记名的）股份。

对不同类型金融资产进行区分时通常面临的一个困扰性问题，就是它们倾向于发挥中间人的作用——一个不去做该做的事情而是对手头的东西进行重新包装的中介。这是用另一种方式说明了莫迪利安尼和米勒关于金融不相关的命题。例如，政府经常试图通过对资本收益（资产价值的增值）而非收入（分别是债务利息和股本的股息支付）征税的方式去鼓励长期的高风险投资。所有这些都是在鼓励人们去建立中介机构以便将收入转化为资本收益。例如，通过将利息和股息积累（留存）在投资基金，将它们转换为资本收益，从而允许投资者通过出售基金股份以较低的资本利得税率赚取收入。

在第9章中讨论的忠诚奖励股份容易出现这种问题。如果科林·迈耶公共有限公司为其持有2年期股份的股东提供10％的股息红利，那么科林·迈耶资产管理公共有限公司将被建立起来，以便持有这些科林·迈耶公共有限公司的股份2年时间，同时发行其投资人可以频繁交易的股票，并仍然给他们提供包括 10％红利在内的收益率。

投票权与信托企业持股期限的结合不存在类似的问题。科林·迈耶资产管理公共有限公司的建立尝试利用这样一个事实——科林·迈耶公共有限公司将所有的投票权分配给了它的登记股份，其持有期必须为 10 年，资产管理公司买入科林·迈耶公共有限公司的登记股份并卖出同样数量的持有期仅须为 1 年的登记股份。因此，科林·迈耶资产管理公共有限公司实际上允许其投资者在科林·迈耶公共有限公司享有投票权，而只需要持有 1 年期的股份。因此人们预期投资者会鼓励科林·迈耶公共有限公司采取取悦于 1 年持股而非 10 年持股的政策，比如，那些如果成功会产生即刻回报的高风险投资。但是，资产管理公司以这种方式只能为目前的股东创造流动性，却要以牺牲未来投资者和其整体的长期回报为代价——能够重复高风险投资伎俩的可能性越来越小，因为它的生存机会在 10 年中逐步减少。

这与前一个例子的区别在于它不是一个单纯的金融"套利"问题（利用实际上类似证券的价格差）。它涉及公司投资政策的一个变化，因此不是莫迪利安尼和米勒命题的一部分，即对于给定的投资政策，融资政策的变化对公司的价值没有影响。

换一种解释方式就是，在忠诚奖励股份的情况下，有可能创造"衍生证券"，允许投资者赚取与忠诚股份相关的收益，而无须他们本人持股，在股东确实持有忠诚股份的地方，做空（即卖出）能产生与忠诚股份相同收益情况的证券，并因此保护自己免受与长期投资相关的风险（即所谓的空投票）。所以投资者无须承担与忠实股份相关的长期投资的风险，而仍然享有他们的红利回报，因此起初创设它们的动机被削弱了。相比之下，控股的登记股份不可能发生如此情况，因为按照定义，这些股份的持有人行使对公司活动的控制权，这就使得他们可以操控对他们有利的任何相关衍生证券的价值。

控股股东的分配和控制从根本上与单纯的金融证券不同，其原因在于持股期限（长度）、股东的数量（广度）以及股东承诺的资本数量（深度）都与公司的实际活动，特别是其投资密切相关。登记股东是积极的还是被动的取决于广度和深度的平衡：持有大量资本的少数股东会比持有相同资本总额的大量股东更为活跃。股东承诺的期限越短，公司能够向利益相关者做出的承诺就越少。在某些时点上，对于一些企业来说，短期持股的积极股东是最理想的，而在其他情况下，则需要长期持股的消极股东。投资和融资不能分开，这不同于它们与其他金融工具的分离以及莫迪利安尼和米勒的命题假设。它因此不可能用于单纯的金融套利或者对冲。

◉ 受托人委员会及董事

除了收购，股东投票的主要作用体现在受托人和董事的选举方面。任命受托人和董事的责任分配可以采取不同的形式。在以股东为导向的公司中，任命权落在登记股东身上。他们负责选举受托人或者董事，或者两者。如果登记股东任命受托人委员会，那么董事会则负责任命管理层。或者，受托人委员会可以自我任命，而股东负责选举董事。投票权可以扩展到员工等其他群体，但不一定是代表特定利益群体的受托人或者董事。受托人和董事的聘任期限或者任命周期不同企业有所不同，例如在一些企业中任期有交叉，而在另一些公司则是一致的。

结构的选择将决定公司承诺和控制的程度。进行董事错期选举任命、由自选产生的受托人委员会将拥有最大的独立性。相比之下，由股东选举出来、拥有一致任期的短期受托人和董事将向股东负有最大的责任。其他组合将实现承诺和控制之间的不同关系，把利益相关者纳入选举过程可以让他们也负有责任。

◉ 公司价值观

　　受托人委员会的主要职能是维护公司的价值观，并确保公司遵守这些价值观。公司的价值观最初可能是创始人定义的。它们可以在获得了登记股东和员工等群体批准的基础上由受托人做出修改。受托人的责任在不同的公司各不相同，但是可能都包括对公司战略、政策变化、收购、主要交易以及高管任命的监管。董事会有责任让受托人知晓此类事宜，并就这些问题咨询他们的意见，受托人要确保他们得到了充分的信息，完全知晓企业的活动。受托人的贡献会反映在对相互冲突的公司价值观明智、透明和平衡的判断上。董事的表现则会通过他们对价值观的维护以及对公司价值的提升来加以衡量。各公司董事会的主席负责解决分歧，一旦纠纷无法解决，将根据公司章程做出权威决定。

　　公司治理的以上特点——投票权、受托人及董事的任命、公司价值观、在维护这些价值观时不同利益方的权威——都属于公共的范畴，这样一来公司各方将会充分知晓他们所参与公司的基本情况。

注释

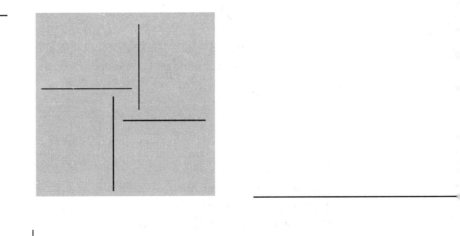

序言

1. Colin Mayer (1988), 'New Issues in Corporate Finance', *European Economic Review*, 32, 1167–83.

引言

1. Kenneth Libo, William Bernhard, John Loeb, and June Bingham (2007), *Lots of Lehmans: The Family of Mayer Lehman of Lehman Brothers: Remembered by His Descendants*, Center for Jewish History, Syracuse, NY: Syracuse University Press.
2. Margaret Ackrill and Leslie Hannah (2001), *Barclays: The Business of Banking, 1690–1996*, Cambridge: Cambridge University Press.

第 1 章　开篇

1. John Mickelthwait and Adrian Wooldridge (2003), *The Company: A Short History of a Revolutionary Idea*, London: Weidenfeld & Nicolson.
2. The terms companies, corporations, enterprises, and firms are generally used quite interchangeably. Strictly, enterprises and firms include unincorporated businesses such as partnerships and sole proprietorships as well as corporations (or companies as they are more commonly described in the UK). This book is primarily about corporations, but where the broader concept is applicable, then the term firm is in general used.
3. This was recently reinforced by the US Supreme Court in *Citizens United v. Federal Election Commission*, No. 08-205 (21 January 2010), which ruled that corporations have the same political speech rights as individuals under the First Amendment.
4. In October 2006 the UK House of Lords upheld the rights of corporations to sue in defamation cases for damage to reputation even in the absence of specific evidence of financial loss, in *Jameel and Others (Respondents) v. Wall Street Journal Europe Sprl (Appellants)*, UKHL 44.
5. Source: United States Census Bureau, 2007 Census, *Statistics about Business Size*.

6. Sources: *Communiqué on Major Data of the Second National Economic Census*, National Bureau of Statistics of China, December 2009 and *Economic Census 2005 All India Report*, Government of India, Ministry of Statistics and Programme Implementation.
7. Average number of new limited liability companies registered per annum between 2004 and 2009. Source: The World Bank, *New Businesses Registered.*
8. IMF *Global Financial Stability Report*, April 2010.
9. IMF Staff Position Note, *Fiscal Implications of the Global Economic and Financial Crisis*, 9 June 2009.
10. Independent Commission on Banking (2011), *Final Report: Recommendations*, September.

第 2 章　道德和市场

1. Theo Vermaelen (2009), 'Maximizing Shareholder Value: An Ethical Responsibility?' in Craig Smith and Gilbert Lenssen, *Mainstreaming Corporate Responsibility*, Chichester: Wiley.
2. Thomas Kochan, for example, regards the cause of corporate scandals as being 'the overemphasis American corporations have been forced to give in recent years to maximize shareholder value without regard for effect of their actions on other stakeholders', see Thomas Kochan (2002), 'Addressing the Crisis in Confidence in Corporations: Root Causes, Victims and Strategies for Reform', *Academy of Management Executive*, 17, 139–41.
3. Loizos Heracleous (2010), 'The Myth of Shareholder Capitalism', *Harvard Business Review*, April reporting on a study by Jacob Rose (2007), 'Corporate Directors and Social Responsibility: Ethics versus Shareholder Value', *Journal of Business Ethics*, 73, 319–31.
4. See Andrew Keay (2012), *The Enlightened Shareholder Value Principle and Corporate Governance*, London: Routledge.
5. Colin Mayer (1988), 'New Issues in Corporate Finance', *European Economic Review*, 32, 1167–83, and Jenny Corbett and Tim Jenkinson (1997), 'How is Investment Financed? A Study of Germany, Japan, UK and US', *Manchester School*, 65 supplement, 69–93.
6. Zephyr M&A report, http://www.bvd.co.uk/zephyrreport/Global%20FY 2009.pdf
7. McKinsey Global Institute (2011), *Mapping Global Capital Markets.*
8. World Federation of Stock Exchanges, http://www.world-exchanges.org/files/file/stats%20and%20charts/2011%20WFE%20Market%20Highlights.pdf
9. Loans, non-equity, trade credit, account receivables. Source: World Bank

Data.

10. Rounded up from $52.5 trillion for ease of calculations below. Bank for International Settlements, *Financial Statistics*.

11. World Bank Development Indicators.

12. Julian Franks, Colin Mayer, Paolo Volpin, and Hannes Wagner (2012), 'The Life Cycle of Family Ownership: International Evidence', *Review of Financial Studies*, 25, 1675–712.

13. International Labour Organization (2011), *Global Employment Trends*.

14. Anastasia Guscina (2006), 'Effects of Globalization on Labor's Share in National Income', IMF Working Paper WP/06/294 based on OECD statistics.

15. The International Labour Organization has recently estimated average global wages in 2009 at a higher figure of around $18,000 per annum on a purchasing power parity basis.

16. 'In principle it would be possible for the bondholders, by inclusion of various covenants in the indenture provisions, to limit the managerial behavior which results in reductions in the value of the bonds. Provisions which impose constraints on management's decisions regarding such things as dividends, future debt issues, maintenance of working capital are not uncommon in bond issues. To completely protect the bondholders from the incentive effects, these provisions would have to be incredibly detailed and cover most operating aspects of the enterprise including limitations on the riskiness of the projects undertaken. The costs involved in writing such provisions, the costs of enforcing them and the reduced profitability of the firm (induced because the covenants occasionally limit management's ability to take optimal actions on certain issues) would likely be nontrivial. In fact, since management is a continuous decision making process it will be almost impossible to completely specify such conditions without having the bondholders actually perform the management function.' Pages 337–8, Michael Jensen and William Meckling (1976), 'Theory of the Firm: Managerial Behavior, Agency Costs and Ownership Structure', *Journal of Financial Economics*, 3, 305–60.

17. The terms directors, executives, and managers are generally used quite interchangeably. Strictly, directors are members of the board of a corporation and can be either executive or non-executive directors depending on whether they are responsible for the day-to-day running of the business. Managers are engaged in running the business, but not necessarily as members of the board.

18. In 'Adapting to the New Shareholder-Centric Reality: Creditor Protection' (mimeo 2012), Edward Rock discusses the power and limitations of legal concepts such as wrongful trading in the UK and fraudulent transfers in the US in protecting the interests of creditors when they conflict with those of shareholders.

19. O. Ferrell (2004), 'Business Ethics and Customer Stakeholders', *Academy*

o/*Management Executive*, 18, 126–9.

第3章　声誉

1. For a discussion of the KarstadQuelle/Arcandor case, see 'Arcandor 2004–2009', The Oxford University Centre for Corporate Reputation.

2. This is illustrated by the reaction of Michael Fox, a founder of the Australian company Shoes of Prey, to a video on his company that was posted on the Web in March 2010: 'We're still in the process of picking ourselves up off the floor after witnessing first hand the fact that a 16 year-old YouTuber can deliver us 3 times the traffic in a couple of days that some excellent traditional media coverage has over 5 months' (Michael Fox blog, 26 March 2010).

3. Nicola Gennaioli, Andrei Shleifer, and Robert Vishny (2012), 'Money Doctors', Chicago Booth Paper, University of Chicago, No. 12–39, describe how trust can exacerbate deficiencies of financial markets by allowing investment managers to exploit their clients' trust. Managers 'help investors take risks and are entrusted to do so even when their advice is costly, generic and occasionally self-serving' (p. 3). The trust of investors encourages managers to pander to their clients' beliefs, even when they are biased, rather than to pursue contrarian strategies which could yield higher returns. Consistent with this, Daniel Bergstresser, John Chalmers, and Peter Tufano (2009), 'Assessing the Costs and Benefits of Brokers in the Mutual Fund Industry', *Review of Financial Studies*, 22, 4129–56, report that mutual funds sold via brokers in the US earned their investors lower returns than directly purchased funds, even before accounting for fees charged.

4. Reported in Philip Inman, 'UK is Weak on Tackling White Collar Crime and Short Sellers, Says HBOS Boss', article in *The Guardian*, 27 June 2008.

5. John Coffee (2007), 'The Law and the Market: The Impact of Enforcement', *University of Pennyslvania Law Review*, 156, 229–311.

6. See John Armour, Colin Mayer, and Andrea Polo (2011), 'Regulatory Sanctions and Reputational Damage in Financial Markets', European Corporate Governance Institute, Finance Working Paper Series, No. 300.

7. Thomas Dowdell, Suresh Govindaraj, and Prem Jain (1992), 'The Tylenol Incident, Ensuing Regulation, and Stock Prices', *Journal of Financial and Quantitative Analysis*, 27, 283–301.

8. Jonathan Karpoff, John Lott, and Eric Wehrly (2005), 'The Reputational Penalties for Environmental Violations: Empirical Evidence', *Journal of Law and Economics*, 48, 653–75.

9. It comes with a warning that this is not investment advice, that the author takes no responsibility for anyone following this idea, that the past is no guide to the present let alone the future, that the author is not a registered member of the Financial Services Authority or any other certifying body, that he does not own an English estate, and that above all a more serious (and technical) discussion of this can be found in the article by Dean Foster and Peyton Young (2010), 'Gaming Performance Fees by Portfolio Managers', *Quarterly Journal of Economics*, 125, 1435–58.

10. A derivative is a financial contract between two or more parties whose value depends on that of an underlying asset, for example a share or a bond. An example of a derivative security is an option, which is a right to purchase or sell the underlying asset under pre-specified conditions at some time in the future.

11. Several studies record how financial service providers can profit from transforming simple financial products into more complex ones at little or no benefit to their investors. See, for example, Bruce Carlin (2009), 'Strategic Price Complexity in Retail Financial Markets', *Journal of Financial Economics*, 91, 278–87; John Chalmers and Jonathan Reuter (2012), 'What is the Impact of Financial Advisors on Retirement Portfolio Choices and Outcomes?', National Bureau of Economic Research Working Paper No. 18158; and Xavier Gabaix and David Laibson (2006), 'Shrouded Attributes, Consumer Myopia, and Information Suppression in Competitive Markets', *Quarterly Journal of Economics*, 121, 505–40.

12. See Dean Foster and Peyton Young (2010), 'Gaming Performance Fees by Portfolio Managers', *Quarterly Journal of Economics*, 125, 1435–58.

13. Ponzi schemes are arrangements that pay investors from their own money or those of subsequent investors. They are named after Charles Ponzi who lured investors in the US in 1920 into a scheme which offered high returns funded in large part from cash received from other investors.

14. For a formal demonstration of this, see Volker Laux (2012), 'Stock Option Vesting Conditions, CEO Turnover, and Myopic Investment', *Journal of Financial Economics*, forthcoming.

15. See, for example, Andrei Shleifer and Robert Vishny (1990), 'Equilibrium Short Horizons of Investors and Firms', *American Economic Review*, 80, 148–53, for a description of how resources can be diverted towards short-term activities; and Patrick Bolton, Tano Santos, and José Sheinkman (2011), 'Cream Skimming in Financial Markets', National Bureau of Economic Research Working Paper No. 16804, for a model of how opaqueness in financial markets allows dealers in those markets to extract excessively high returns that attract too much talent from other sectors of the economy.

第 4 章　监管

1. See David Walker (2009), *A Review of Corporate Governance in UK Banks and Other Financial Industry Entities*, HM Treasury, UK; and Financial Reporting Council (2010), *The UK Corporate Governance Code*, London.

2. See European Commission (2010), *Corporate Governance in Financial Institutions and Remuneration Policies*, COM (2010) 284; and European Commission (2011), *The EU Corporate Governance Framework*, COM (2011) 164.

3. Charles Mackay (1848), *Memoirs of Extraordinary Popular Delusions and the Madness of Crowds*, London: Office of the National Illustrated Library.

4. In contrast, it has been suggested that laws may enshrine beneficial social norms: see, for example, Robert Cooter (1998), 'Expressive Law and Economics', *Journal of Legal Studies*, 27, 585–608, which draws on the extensive debate on law and morality referenced in the Further Reading appendix.

5. For example, Fahlenbrach and Stulz (2009) and Cheng, Hong, and Sheinkman (2010) report that banks which tied executive remuneration closely to their corporate earnings performed worse and took greater risks during the financial crisis than other banks. Rüdiger Fahlenbrach and Renee Stulz (2010), 'Bank CEO Incentives and the Credit Crisis', *Journal of Financial Economics*, 99, 11–26, and Ing-Haw Cheng, Harrison Hong, and Jose Scheinkman (2010), 'Yesterday's Heroes: Compensation and Creative Risk-Taking', ECGI—Finance Working Paper No. 285/2010. This does not diminish the significance of good corporate governance; for example, Andrew Ellul and Vijay Yerramilli (2011), 'Stronger Risk Controls, Lower Risk: Evidence from U.S. Bank Holding Companies', NBER Working Paper 6178, report that organizational risk controls in US bank holding companies were effective in restraining bank risk-taking.

6. See, for example, Mauro Bussani and Vernon Palmer (2003), *Pure Economic Loss in Europe*, Cambridge: Cambridge University Press.

7. *Ultramares v. Touche* 174 N.E 441, 444 (N.Y. 1931) (USA).

8. See, for example, *Caparo Industries plc (Respondents) v. Dickman and Others (Appellants)*, UKHL 2, February 1990 in which the UK House of Lords ruled that auditors do not owe a duty of care to potential investors who, in this case, bought a company that turned out to be less valuable than expected.

9. See *Caparo Industries plc (Respondents) v. Dickman and Other (Appellants)*, UKHL 2, February 1990, and *Moore Stephens (Respondents) v Stone Rolls*

Limited (Appellants), UKHL 39 in which it was determined that the auditors owed a duty of care to the company, not individual creditors. This was the last case to be argued before the UK House of Lords in July 2009 before its judicial functions were transferred to the Supreme Court.

第 5 章　企业的演化

1. Charles Austin Beard (1933), 'Who Owns—and Who Runs—the Corporations', *New York Herald Tribune*.
2. Jerome Frank and Norman Meyers (1933), 'The Modern Corporation and Private Property: Adolf A. Berle, Jr., Gardiner C. Means', *Yale Law Review*, 42, 989–1000.
3. Robert Hessen (1983), 'The Modern Corporation and Private Property: A Reappraisal', *Journal of Law and Economics*, 26, p. 280.
4. Adolf Berle and Gardiner Means (1932), *The Modern Corporation and Private Property*, New York: Harcourt, Brace & World, pp. 2–3.
5. Adolf Berle and Gardiner Means (1932), *The Modern Corporation and Private Property*, New York: Harcourt, Brace & World, pp. 345–6.
6. Robert Hessen (1983), 'The Modern Corporation and Private Property: A Reappraisal', *Journal of Law and Economics*, 26, p. 275.
7. James Burnham (1941) subsequently developed the theme of the ascendancy of managerial power in his influential book *The Managerial Revolution: What is Happening in the World*, New York: John Day.
8. In fact, William Bratton and Michael Wachter (2008), 'Shareholder Primacy's Corporatist Origins: Adolf Berle and the Modern Corporation', *Journal of Corporation Law*, 34, 99–152, describe how *The Modern Corporation and Private Property* appeared in the middle of Berle's metamorphosis from being an advocate of shareholder supremacy and self-regulation in the 1920s to a corporatist and collectivist in the 1930s, and was hailed by *Time* magazine as being 'the economic Bible of the Roosevelt administration' (p. 120). The modern perception of Berle as an advocate of shareholder engagement derives from (somewhat misconceived interpretations of) the subsequent debate that ensued with Professor Merrick Dodd of the Harvard Law School.
9. For a more extensive discussion of this see Julian Franks, Colin Mayer, and Stefano Rossi (2009), 'Ownership, Evolution and Regulation', *Review of Financial Studies*, 22, 4009–56 and Julian Franks, Colin Mayer, and Stefano Rossi (2005), 'Spending Less Time with the Family: The Decline of Family Ownership in the United Kingdom', in Randall Morck (ed.), *A History of Corporate Governance Around the World: Family Business Groups to Professional Managers*, Chicago: Chicago University Press.

10. Frederick Lavington (1921), *The English Capital Market*, London: Methuen.

11. Cited in Frederick Lavington (1921), *The English Capital Market*, London: Methuen.

12. Conrad Matschoss (ed.), *Ein Kurzgefaßtes Lebensbild nebst einer Auswahl seiner Briefe*, Vol. 1, Berlin, p. 218, quoted in Jürgen Kocka (1999), 'The Entrepreneur, The Family and Capitalism: Some Examples from the Early Phases of Industrialization in Germany', in Jürgen Kocka (1999), *Industrial Culture and Bourgeois Society: Business, Labour and Bureaucracy in Modern Germany*, New York: Berghahn Books, p. 73.

13. On 13 December 2011, the US Securities and Exchange Commission (SEC) 'charged seven former Siemens executives with violating the Foreign Corrupt Practices Act (FCPA) for their involvement in the company's decade-long bribery scheme to retain a $1 billion government contract to produce national identity cards for Argentine citizens. Siemens was previously charged with FCPA violations and paid $1.6 billion to resolve the charges with the SEC, U.S. Department of Justice, and Office of the Prosecutor General in Munich'. SEC Press Release: 'SEC Charges Seven Former Siemens Executives with Bribing Leaders in Argentina', 13 December 2011, Washington DC.

14. Niall Ferguson (1998), *The World's Banker: The History of the House of Rothschild*, London: Weidenfeld & Nicolson, p. 79.

15. Friedrich von Gentz, quoted in Niall Ferguson (1998), *The World's Banker: The History of the House of Rothschild*, London: Weidenfeld & Nicolson, p. 84.

16. David Landes (1965), 'Technological change and development in Western Europe 1750–1914', in Hrothgar Habakkuk and Michael Postan (eds), *Cambridge Economic History of Europe*, Vol VI: *The Industrial Revolution and After*, Cambridge: Cambridge University Press, pp. 536–64.

17. Julian Franks, Colin Mayer, Paolo Volpin, and Hannes Wagner (2012), 'The Life Cycle of Family Ownership: International Evidence', *Review of Financial Studies*, 25, 1675–712.

18. Marco Becht and Colin Mayer (2001), 'Introduction', in Fabrizio Barca and Marco Becht, *The Control of Corporate Europe*, Oxford: Oxford University Press, and Julian Franks, Colin Mayer, Paolo Volpin, and Hannes Wagner (2012), 'The Life Cycle of Family Ownership: International Evidence', *Review of Financial Studies*, 25, 1675–712, for more recent data.

第 6 章　收购和关闭

1. Roger Carr speech at the Saïd Business School, University of Oxford, 9 February 2010, reproduced at http://www.sbs.ox.ac.uk/centres/reputation/

Documents/Roger%20Carr%20Speech%209%20Feb%202010.pdf.

2. 'Shorting' is borrowing shares and selling them on the promise of buying them back later. If the price of the shares falls you will make a profit and if it rises you make a loss. It is the opposite of borrowing money to invest in a stock (going 'long' in the stock) that you will then sell at a later date at a profit if the price rises and a loss if it falls.

3. House of Commons, Business, Innovation and Skills Committee (2010), 'Mergers, Acquisitions and Takeovers: The Takeover of Cadbury and Kraft', Ninth Report of Session 2009–10, 30 March, pp. 10 and 11.

4. Richard Roberts (1992), 'Regulatory Responses to the Rise of the Market for Corporate Control in Britain in the 1950s', *Business History*, 34, 183–200.

5. Leslie Hannah (1974), 'Takeover Bids in Britain Before 1950: An Exercise in Business "Pre-History"', *Business History*, 16, 65–77.

6. Richard Roberts (1992), 'Regulatory Responses to the Rise of the Market for Corporate Control in Britain in the 1950s', *Business History*, 34, p. 186.

7. Richard Roberts (1992), 'Regulatory Responses to the Rise of the Market for Corporate Control in Britain in the 1950s', *Business History*, 34, 183–200.

8. Source: Bureau van Dijk, Zephyr Annual M&A Report Global, 2011.

9. See the Kraft Foods Inc offer document for Cadbury Ltd., 9 November 2009.

10. *Financial Times*, 4 August 2011.

11. See Omesh Kini, William Kracaw, and Shehzad Mian (2004), 'The Nature of Discipline by Corporate Takeovers', *Journal of Finance*, 59, 1511–52, and Julian Franks and Colin Mayer (1996), 'Hostile Takeovers and the Correction of Managerial Failure', *Journal of Financial Economics*, 40, 163–81.

12. http://www.thisismoney.co.uk/money/news/article-2052217/Revealed-The-big-sums-paid-PR-advisers-shareholders-likely-shocked-fees.html

13. Martin Conyon, Sourafel Girma, Steve Thompson, and Peter Wright (2002), 'The Impact of Mergers and Acquisitions on Company Employment in the United Kingdom', *European Economic Review*, 46, 31–49.

14. Charles Brown and James Medoff (1988), 'The Impact of Firm Acquisition on Labor', in Alan Auerbach, *Corporate Take-Overs: Causes and Consequences*, London: University of Chicago Press, pp. 9–25.

15. There is a confusion in popular terminology between the public corporation as one that is in private ownership but listed on a public stock market (which is the meaning here), and one that is owned by the government or state. We refer to the former as publicly listed corporations and the latter as public enterprises.

16. Alfred Rappaport (1990), 'The Staying Power of the Public Corporation', *Harvard Business Review*, January–February, 96–104.

17. Tim Jenkinson and Colin Mayer (1994), *Hostile Takeovers: Defence, Attack*

and Corporate Governance, London: McGraw-Hill.

18. Julian Franks and Colin Mayer (1996), 'Hostile Takeovers and the Correction of Managerial Failure', *Journal of Financial Economics*, 40, 163–81.

19. http://www.telegraph.co.uk/finance/newsbysector/retailandconsumer/760000 25/Stitzer-gets-40m-pay-off-after-Cadbury-sale.html

20. See Marco Becht, Julian Franks, Colin Mayer, and Stefano Rossi (2009), 'Returns to Shareholder Activism: Evidence from a Clinical Study of the Hermes UK Focus Fund', *Review of Financial Studies*, 22, 3093–129.

21. See Julian Franks and Colin Mayer (1998), 'Bank Control, Takeovers and Corporate Governance in Germany', *Journal of Banking and Finance*, 22, 1385–403.

22. Google Investor Relations (2004), 'Founders' IPO Letter'.

23. Steven Davidoff (2012), 'In Manchester United's IPO, a Preference for US Rules', Dealbook, *New York Times*, 10 July.

24. Porsche acquired a shareholding in the German car producer Volkswagen (VW) in 2005 to prevent a prospective takeover of VW. It subsequently entered into a joint venture with VW and is expected to be fully acquired by VW in the second half of 2012.

25. Explanations for limitations on the exercise of shareholder control and markets for corporate control are described in Margaret Blair and Lynn Stout (2001), 'Trust, Trustworthiness, and the Behavioral Foundations of Corporate Law', *University of Pennsylvania Law Review*, 149, 1735–810; Marcel Kahan and Edward Rock (2003), 'Corporate Constitutionalism: Anti-Takeover Provisions as Precommitment', *University of Pennsylvania Law Review*, 152, 473–522; and Lynn Stout (2007), 'The Mythical Benefits of Shareholder Control', *Virginia Law Review*, 93, 789–809.

26. *Air Products & Chemicals, Inc. v. Airgas, Inc.*, 16 A.3d 48 (Del. Ch. 2011), p. 152.

27. *Air Products & Chemicals, Inc. v. Airgas, Inc.*, 16 A.3d 48 (Del. Ch. 2011), pp. 117–18.

28. *Air Products & Chemicals, Inc. v. Airgas, Inc.*, 16 A.3d 48 (Del. Ch. 2011), p. 120. The fact that the three nominees of Air Products on Airgas's board supported management's contention that the bid from Air Products undervalued the firm was an important factor in convincing the court that the management of Airgas had indeed acted in good faith.

29. The influence of investor horizons on acquisitions is described in a paper by Jose-Miguel Gaspar, Massimo Massa, and Pedro Matos (2005), 'Shareholder Investment Horizons and the Market for Corporate Control', *Journal of Financial Economics*, 76, 135–65. They report that firms with short-term shareholders, who hold their shares for short periods of time, are more likely to be taken over and display worse share price performance during and after acquisitions than those with longer-term shareholders.

30. For example, Johnson, Karpoff, and Yi (2011) find that firms which have

takeover defences when they 'go public' (issue their shares on a stock market for the first time) in an initial public offering (IPO) have 'customers, suppliers or strategic partners who are vulnerable to changes in the firm's operating strategy'. They find that 'an IPO firm's valuation and subsequent operating performance both are positively related to the use of takeover defenses, particularly when it has dependent customers, suppliers, or strategic partners' and 'that use of takeover defenses is positively related to the longevity of its business relationships'. William Johnson, Jonathan Karpoff, and Sangho Yi (2011), 'Why Do Firms Have Takeover Defenses?', Social Science Research Network Working Paper No. 1923667.

31. Dennis Robertson described corporations as 'islands of conscious power in this ocean of unconscious co-operation like lumps of butter coagulating in a pail of buttermilk', referring to them as internal organization structures operating in the invisible hand of the market—Dennis Robertson (1923), *Control of Industry*, London: Nisbet.

32. For example, Klein and Zur (2011) report that 'hedge fund activism significantly reduces bondholders' wealth' and involves 'an expropriation of wealth from the bondholder to the shareholder'. April Klein and Emanuel Zur (2011), 'The Impact of Hedge Fund Activism on the Target Firm's Existing Bondholders', *Review of Financial Studies*, 24, 1735–71.

第 7 章 资本与承诺

1. The reference to 'man' here or elsewhere in the book is not intended to have any connotations of gender.

2. Adam Smith (1759), *The Theory of Moral Sentiments*, ed. David Raphael and Alec Macfie, Indianapolis, IN: Liberty Fund, 1981, Book IV, Chapter 2, pp. 271–2.

3. Adam Smith (1776), *An Inquiry Into the Nature and Causes of the Wealth of Nations*, Vol. I ed. Roy Campbell and Andrew Skinner, vol. II of the Glasgow Edition of the Works and Correspondence of Adam Smith, Indianapolis, IN: Liberty Fund, 1981, Book IV, Chapter II.

4. See, for example, Amartya Sen (1977), 'Rational Fools: A Critique of the Behavioural Foundations of Economic Theory', *Philosophy and Public Affairs*, 6, 317–44 and Fabienne Peter and Hans Bernhard Schmid (2007), *Rationality and Commitment*, Oxford: Oxford University Press.

5. For details on these arrangements see Randall Morck and Fan Yang (2010), 'The Shanxi Banks', NBER Working Paper 15884, April.

6. Phyllis Deane (1965), *The First Industrial Revolution*, Cambridge: Cambridge University Press.

7. Philip Cottrell (1980), *Industrial Finance 1830–1914: The Finance and*

Organization of English Manufacturing Industry, London: Methuen.

8. Sydney Checkland (1975), *Scottish Banking: A History, 1695–1973*, Glasgow and London: Collins.

9. Dieter Ziegler (1992), 'The Crisis of 1878: Some Remarks', *Economic History Review*, 45, p. 142.

10. Thomas Bullion (1850), *The Internal Management of a Country Bank*, quoted in Philip Cottrell (1980), *Industrial Finance 1830–1914: The Finance and Organization of English Manufacturing Industry*, London: Methuen, p. 211.

11. See, for example, William Kennedy (1987), *Industrial Structure, Capital Markets and the Origins of British Economic Decline*, Cambridge: Cambridge University Press.

12. Richard Tilly (1989), 'Banking Institutions in Historical Perspective: Germany, Great Britain and the United States in the Nineteenth and Early Twentieth Century', *Journal of Institutional and Theoretical Economics*, 145, 189–209.

13. See, for example, Michael Collins (1998), 'English Bank Development within a European Context', *Economic History Review*, 51, 1–24. Jeremy Edwards and Klaus Fischer (1994), *Banks, Finance and Investment in Germany*, Cambridge: Cambridge University Press, question some common assertions about German bank finance, and Jeremy Edwards and Sheilagh Ogilvie (1996), 'Universal Banks and German Industrialization: A Re-Appraisal', *Economic History Review*, 49, 427–46, cast doubt on the conventional interpretation of German banking history.

14. Peter Mathias (1969), *The First Industrial Nation: An Economic History of Britain 1700–1914*, London: Methuen, pp. 352–3.

15. Peter Mathias (1969), *The First Industrial Nation: An Economic History of Britain 1700–1914*, London: Methuen, pp. 419–20.

16. Mark Roe (1994), *Strong Managers, Weak Owners*, Princeton: Princeton University Press.

17. Alfred Chandler (1990), *Scale and Scope: The Dynamics of Industrial Capitalism*, Cambridge: Harvard University Press.

18. *The Report of the Committee on Finance and Industry*, June 1931, Cmd 3897, para. 404.

19. For a history of ICFC and its associated companies see Richard Coopey and Donald Clarke (1995), *3i: Fifty Years Investing in Industry*, Oxford: Oxford University Press.

20. See Ralf Becker and Thomas Hellmann (2003), 'The Genesis of Venture Capital—Lessons from the German Experience', CESifo Working Paper Series, No. 833.

21. See Ann Soderblom and Johan Wiklund (2006), *Factors Determining the Performance of Early Stage High-Technology Venture Capital Funds*, UK Department of Trade and Industry (DTI), March.

22. Josh Lerner, Yannis Pierrakis, Liam Collins, and Albert Bravo Biosca (2011), 'Atlantic Drift: Venture Capital Performance in the UK and US', Nesta Research Report, June, report that while historically there has been a significant difference in venture capital returns between the UK and the US, these have declined over the last decade due to falling returns in the US.

23. For information on the comparative performance of venture capital and private equity in the US, see Robert Harris, Tim Jenkinson, and Steven Kaplan (2012), 'Private Equity Performance: What Do We Know?', Fama-Miller Working Paper, Chicago Booth Research Paper, No. 11–44.

24. Bonnie Buchanan and Tina Yang (2005), 'The Benefits and Costs of Controlling Shareholders: The Rise and Fall of Parmalat', *Research in International Business and Finance*, 19, 27–52; Paolo Campana (2012), 'Failures of Rationality and the Perverse Effect of Trust and Reputation in Corporate Frauds: Evidence from the Parmalat Bankruptcy', Working Paper, University of Oxford; and Guido Ferrarini and Paolo Guidici (2005), 'Financial Scandals and the Role of Private Enforcement: The Parmalat Case', European Corporate Governance Institute Law Working Paper No. 40.

25. A joint report of the Italian Senate Finance and Treasury, and Industry, Trade and Tourism Commissions, cited in Stefania Chiaruttini (2010), 'Parmalat, un caso di trasferimento di rischio industriale e di credito sui risparmiatori: cause e rimedi', *Analisi Guiridica dell' Economia, Studi e Discussioni sul Diritto dell'Impresa*, 2, 367–82.

26. Bonnie Buchanan and Tina Yang (2005), 'The Benefits and Costs of Controlling Shareholders: The Rise and Fall of Parmalat', *Research in International Business and Finance*, 19, 27–52.

第 8 章　价值与价值观

1. Jeremy Edwards, John Kay, and Colin Mayer (1987), *The Economic Analysis of Accounting Profitability*, Oxford: Oxford University Press.

2. The seminal paper on this is Bruce Johnson, Robert Magee, Nandu Nagarajan, and Harry Newman (1985), 'An Analysis of the Stock Price Reaction to Sudden Executive Deaths: Implications for the Managerial Labor Market', *Journal of Accounting and Economics*, 7, 151–74, which reports positive share price reactions to the announcements of deaths of founder CEOs and negative reactions to those of professional CEOs. Rachel Hayes and Scott Schaefer (1999), 'How Much are Differences in Managerial Remuneration Worth?', *Journal of Accounting and Economics*, 27, 125–48, report a positive share price reaction of managers who die

suddenly on the job as against a negative one for those who resign for alternative employment.

3. Although this quote is frequently attributed to Keynes, it in fact originated as 'it is better to be vaguely right than exactly wrong' in chapter 22 of Carveth Read (1914), *Logic: Deductive and Inductive*, London: Simpkin, Marshall, Hamilton, Kent & Co. Ltd., in the context of the impossibility of the absolute precision of language.

4. See Paul Hawken, Amory Lovins, and L. Hunter Lovins (1999), *Natural Capitalism: Creating the Next Industrial Revolution*, Boston, MA: Little, Brown and Company.

5. Obituary of Lord Weinstock, *Daily Telegraph*, 24 July 2002.

6. Mary O'Sullivan (2006), 'Living with the U.S. Financial System: the Experiences of GE and Westinghouse in the Last Century', *Business History Review*, 80, 621–55.

7. Masaru Yoshimori (1995), 'Whose Company Is It? The Concept of the Corporation in Japan and the West,' *Long Range Planning*, 28, 33–44.

8. In another indication of the relative importance attached to financial and real considerations, a survey by Graham, Harvey, and Rajgopal (2005) reports that 80 per cent of US managers would 'decrease spending on R&D, advertising and maintenance to meet an earnings target. More than half (55.3%) state that they would delay starting a new project to meet an earnings target, even if such a delay entailed a small sacrifice in value' (pp. 32 and 35). John Graham, Campbell Harvey, and Shiva Rajgopal (2005), 'The Economic Implications of Corporate Financial Reporting', *Journal of Accounting and Economics*, 40, 3–73.

9. Paul Samuelson (1969), 'The Way of an Economist,' in Paul Samuelson (ed.), *International Economic Relations: Proceedings of the Third Congress of the International Economic Association*, London: Macmillan, 1–11.

10. See Frank Easterbrook (1984), 'Two-Agency Cost Explanation of Dividends', *American Economic Review*, 74, 650–9, for a description of how dividends affect external monitoring and control.

11. See Julian Franks, Colin Mayer, and Luc Renneboog (2001), 'Who Disciplines Management in Poorly Performing Companies?', *Journal of Financial Intermediation*, 10, 209–48.

12. Independent Commission on Banking (2010), *Final Report: Recommendations*, September.

13. See Sheridan Titman (1984), 'The Effect of Capital Structure on a Firm's Liquidation Decision', *Journal of Financial Economics*, 13, 137–51, and Sheridan Titman and Roberto Wessels (1988), 'The Determinants of Capital Structure Choice', *Journal of Finance*, 43, 1–19.

14. There is accumulating evidence of the relation between capital structure and commitment to employees. Firms that treat their employees fairly as measured by high employee-friendly ratings maintain low debt ratios— Kee-Hong Bae, Jun-Koo Kang, and Jin Wang (2011), 'Employee Treat-

ment and Firm Leverage: A Test of the Stakeholder Theory of Capital Structure', *Journal of Financial Economics*, 100, 130–53.

15. Firms' leverage is also related to investment by other stakeholders. For example, it is negatively related to the R&D expense intensity of suppliers and customers—Jayant Kale and Husayn Shahrur (2007), 'Corporate Capital Structure and the Characteristics of Suppliers and Customers', *Journal of Financial Economics*, 83, 321–65.

16. For example, union bargaining is found to have a substantial impact on corporate financing decisions—David Matsa (2010), 'Capital structure as a Strategic Variable: Evidence from Collective Bargaining', *Journal of Finance*, 65, 1197–232—and strong union laws are less effective in preventing lay-offs when financial leverage is high—Julian Atanassov and Han Kim (2009), 'Labor and Corporate Governance: International Evidence from Restructuring Decisions', *Journal of Finance*, 64, 341–74.

17. For example, leverage is found to increase with unionization rates and to decrease with the use of human capital—Christopher Hennessy and Dmitry Livdan (2009), 'Debt, Bargaining and Credibility in Firm–Supplier Relationships', *Journal of Financial Economics*, 93, 382–99.

18. For evidence of changes in leverage in commercial and investment banking prior to the financial crisis see Sebnem Kalemli-Ozcan, Bent Sorensen, and Sevcan Yesiltas (2011), 'Leverage across Firms, Banks and Countries', National Bureau of Economic Research Working Paper No. 17354.

19. Prasanna Gai, Andrew Haldane, and Sujit Kapadiaz (2011), 'Complexity, Concentration and Contagion', *Journal of Monetary Economics*, 58, 453–70.

20. Hansard Commons Debate, 26 July 1855, vol. 139, cc1378–1397, 1378.

21. In re Sea, Fire and Life Assurance Co. (1854) quoted in Bishop Hunt (1936), *The Development of the Business Corporation in England, 1800–1867*, Cambridge, MA: Harvard University Press, p. 99.

22. Quoted in J. Saville (1956), 'Sleeping Partnerships and Limited Liability, 1850–1856', *Economic History Review*, 8, 418–33, p. 429.

23. *Economist*, 18 December 1926, p. 1053.

24. See Kenneth Ayotte and Henry Hansmann (2012), 'Legal Assets as Transferable Bundles of Contracts', *Michigan Law Review*, forthcoming for a discussion of this.

25. Independent Commission on Banking (2011), *Final Report: Recommendations*, September.

26. William Scott (1912), *The Constitution and Finance of English, Scottish and Irish Joint-Stock Companies to 1720*, Vol. 1: *The General Development of the Joint-Stock System to 1720*, Cambridge: Cambridge University Press.

27. Ron Harris (2004), 'Institutional Innovations, Theories of the Firm and the Formation of the East India Company', Berkeley Program in Law and Economics, Working Paper Series.

28. Henry Hansmann and Reinier Kraakman (2000), 'The Essential Role of

Organisational Law', *Yale Law Journal*, 110, 387–440.

29. Wendy Carlin and Colin Mayer (2003), 'Finance, Investment and Growth', *Journal of Financial Economics*, 69, 191–226. Innovative firms in Europe choose corporate forms which are most conducive to R&D— Sharon Belenzon, Tomer Berkovitz, and Patrick Bolton (2009), 'Intra-company Governance and Innovation', National Bureau of Economic Research Working Paper No. 15304.

30. See Jeff Gordon and Colin Mayer (2012), 'The Micro, Macro and International Design of Financial Regulation', Oxford University, mimeo.

31. See The Institute for Family Business (2011), 'The UK's Oldest Family Businesses—Stability in Troubled Economic Times', 20 October.

32. Geoffrey Jones (2000), *Merchants to Multinationals: British Trading Companies in the Nineteenth and Twentieth Centuries*, Oxford: Oxford University Press, p. 341.

第 9 章　治理与政府

1. They resemble Gandhi's concept of trusteeship: 'those who own money now, are asked to behave like trustees holding their riches on behalf of the poor' (Mohandas Gandhi, *Trusteeship*, Ahmedabad: Navjivan Publishing House), albeit in the context of corporations rather than individuals.

2. Harold James (2012), *Krupp: A History of the Legendary German Firm*, Princeton: Princeton University Press, p. 261.

3. Julian Franks and Colin Mayer (1998), 'Bank Control, Takeovers and Corporate Governance in Germany', *Journal of Banking and Finance*, 22, 1385–403.

4. Vikas Mehrotra, Randall Morck, Jungwook Shim, and Yupana Wiwattanakantang (2011), 'Adoptive Expectations: Rising Sons in Japanese Family Firms', National Bureau of Economic Research Working Paper No. 16874.

5. For evidence of a negative impact of succession on the performance of family owned firms, see Nicholas Bloom and John Van Reenen (2007), 'Measuring and Explaining Management Practices Across Firms and Countries', *Quarterly Journal of Economics*, 122, 1351–408, and Belen Villalonga and Raphael Amit (2006), 'How Do Family Ownership, Control and Management Affect Firm Value?' *Journal of Finance*, 80, 385–417. Sraer and Thesmar report that family firms listed on the French stock market outperform widely held firms, even where the firms are run by the descendants of the founder—David Sraer and David Thesmar (2007), 'Performance and Behavior of Family Firms: Evidence from the French Stock Market', *Journal of the European Economic Association*, 5, 709–51.

6. For evidence of the significance of equity markets in the dilution of family ownership in some European countries see Julian Franks, Colin Mayer, Paolo Volpin, and Hannes Wagner (2012), 'The Life Cycle of Family Ownership: International Evidence', *Review of Financial Studies*, 25, 1675–712.

7. This should not be confused with what is currently known as a trust company, which is an organization, frequently owned by a bank, which performs fiduciary functions of agency and trusts.

8. For evidence that industrial foundations contribute to the financial performance of firms as well as enhancing non-financial, social measures of performance, see Henry Hansmann and Steen Thomsen (2012), 'Virtual Ownership and Managerial Distance: The Governance of Industrial Foundations', mimeo.

9. See the paper of the European Corporate Governance Forum Working Group on *Proportionality*, June 2007.

10. See Patrick Bolton and Frederic Samama (2012), 'L-Shares: Rewarding Long-Term Investors', mimeo. On the importance of the longevity of corporations and its implications for corporate governance, see Margaret Blair (2004), 'Reforming Corporate Governance: What History Can Teach Us', *Berkeley Business Law Journal*, 1, 1–44, and Andrew Schwartz (2012), 'The Perpetual Corporation', *George Washington Law Review*, 80, forthcoming.

11. The consequences of conflicts between current and future shareholders for corporate behaviour are described in Patrick Bolton, José Sheinkman, and Wei Xiong (2006), 'Executive Compensation and Short-Termist Behavior in Speculative Markets', *Review of Economic Studies*, 73, 577–610, and Patrick Bolton, José Sheinkman, and Wei Xiong (2006), 'Pay for Short-Term Performance: Executive Compensation in Speculative Markets', *Journal of Corporation Law*, 30, 721–48. They show how during speculative bubbles, current shareholders encourage executives to pursue short-term investments and activities such as earnings manipulations that allow them to trade to their benefit at the expense of future shareholders.

12. *The Kay Review of UK Equity Markets and Long-Term Decision Making, Final Report*, Department for Business, Innovation and Skills, London, July 2012.

13. There is some emerging evidence of a relation between the horizons of managers and investors and the performance of their firms. See, for example, Murad Antia, Christos Pantzalis, and Jung Chul (2010), 'CEO Decision Horizon and Firm Performance: An Empirical Investigation', *Journal of Corporate Finance*, 16, 288–301; Francois Brochet, Maria Loumioti, and George Serafeim (2012), 'Short-Termism, Investor Clientele, and Firm Risk', Harvard Business School Working Paper No. 12-072; and John Asker, Joan Farre-Mensa, and Alexander Ljungqvist (2012), 'Compar-

ing the Investment Behavior of Public and Private Firms', European Corporate Governance Institute Finance Working Paper.

14. The role of liquidity in promoting corporate governance is described in Ernst Maug (1998), 'Large Shareholders as Monitors: Is There a Trade-Off between Liquidity and Control?', *Journal of Finance*, 53, 65–98, who argues that liquidity facilitates the formation of share blocks, and in Alex Edmans (2009), 'Blockholder Trading, Market Efficiency, and Managerial Myopia', *Journal of Finance*, 64, 2481–513, who suggests that liquidity promotes the alignment of share prices with underlying fundamentals of corporate performance and avoidance of short-termism by facilitating sales of shares by blockholders in companies in which they have uncovered detrimental information.

15. Francois Brochet, Maria Loumioti, and George Serafeim (2012), 'Short-Termism, Investor Clientele and Firm Risk', Harvard Business School Working Paper No. 12-072, report that there is an association between the short-term orientation of companies and the short-term nature of their investor base.

16. William Scott (1912), *The Constitution and Finance of English, Scottish and Irish Joint-Stock Companies to 1720*, Vol. 1: *The General Development of the Joint-Stock System to 1720*, Cambridge: Cambridge University Press, p. 3.

17. Clive Schmitthoff (1939), 'The Origins of the Joint-Stock Company', *University of Toronto Law Journal*, 3, 74–96.

18. Samuel Willison (1909), *The History of the Law of Business Corporations Before 1800*, Committee of the Association of American Law Schools, Select Essays in Anglo-American Legal History, vol. 3.

19. Bishop Hunt (1936), *The Development of the Business Corporation in England, 1800–1867*, Cambridge, MA: Harvard University Press, p. 8.

20. Ron Harris (2000), *Industrializing English Law*, Cambridge: Cambridge University Press.

21. Thomas Mortimer (1801), 'Every Man His Own Broker or a Guide to the Stock Exchange', 13th edition, quoted in Bishop Hunt, *The Development of the Business Corporation in England, 1800–1867*, Cambridge, MA: Harvard University Press.

22. Paul Mahoney (2000), 'Contract or Concession? An Essay on the History of Corporate Law', *Georgia Law Review*, 34, 873–93.

23. Einer Elhauge (2005), 'Sacrificing Corporate Profits in the Public Interest', *New York University Law Review*, 80, 101–209, argues that corporations may legitimately pursue public interest goals that conflict with shareholder value.

24. The role of constitutions in upholding commitments is widely discussed in legal and political theory. See, for example, Douglass North and Barry Weingast (1989), 'Constitutions and Commitment: The Evolution of Institutional Governing Public Choice in Seventeenth-Century England', *Journal of Economic History*, 49, 803–32. Richard Eells, who it is believed coined

the phrase 'corporate governance' in Richard Eells (1960), *The Meaning of Modern Business*, New York: Columbia University Press, discusses constitutions in a corporate context in Richard Eells (1962), *The Government of Corporations*, New York: The Free Press of Glencoe.

25. William Lloyd (1832), 'Two Lectures on the Checks to Population Delivered Before the University of Oxford', Oxford: Oxford University Press.

26. Alan Greenspan (1998), 'The Current Asia Crisis and the Dynamics of International Finance', Testimony of the Chairman Before the Committee on Banking and Financial Services, U.S. House of Representatives, 30 January; Michel Camdessus (1998), 'Good Governance Has Become Essential in Promoting Growth and Stability', *IMF Survey*, 27: 3, 9 February.

27. For contrasting evidence on the role of relationships and informal financial arrangements in Chinese growth, see Franklin Allen, Jun Qian, and Meijun Qian (2005), 'Law, Finance and Economic Growth in China', *Journal of Financial Economics*, 77, 57–116, and Meghana Ayyagari, Asli Demirgüç-Kunt, and Vojislav Maksimovic (2010), 'Formal Versus Informal Finance: Evidence from China', *Review of Financial Studies*, 23, 3048–97.

28. See, for example, Franklin Allen and Douglas Gale (2000), 'Corporate Governance and Competition', in Xavier Vives (ed.), *Corporate Governance: Theoretical and Empirical Perspectives*, Cambridge: Cambridge University Press, and Stephen Nickell (1996), 'Competition and Corporate Performance', *Journal of Political Economy*, 104, 724–46.

29. Ignacio Mas and Daniel Radcliffe (2011), 'Scaling Mobile Money', *Journal of Payments Strategy and Systems*, 5.

30. See Michael Klein and Colin Mayer (2011), 'Mobile Banking and Financial Inclusion: The Regulatory Lessons', Policy Research Working Paper Series 5664, The World Bank.

延伸阅读

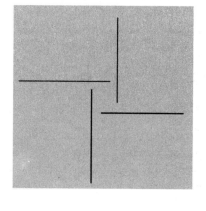

第 1 章　开篇

There is a large literature on the impact of predation and island isolation on the behaviour of species, in the context of the Galapagos and other locations. See, for example:

Silke Berger, Martin Wikelski, Michael Romero, Elisabeth Kalko, and Thomas Rödl (2007), 'Behavioral and Physiological Adjustments to New Predators in an Endemic Island Species, the Galápagos Marine Iguana', *Hormones and Behavior*, 52, 653–63;

Richard Coss (1999), 'Effects of Relaxed Natural Selection on the Evolution of Behaviour', in Susan Foster and John Endler (eds), *Geographic Variation in Behaviour: Perspectives on Evolutionary Mechanisms*, Oxford: Oxford University Press; and

John Kricher (2006), *Galápagos: A Natural History*, Princeton: Princeton University Press.

On evolutionary economics, see:

Richard Nelson and Sidney Winter (1982), *An Evolutionary Theory of Economic Change*, Cambridge, MA: Harvard University Press.

For excellent introductions to firms, institutions, and markets, see:

Douglass North (1990), *Institutions, Institutional Change and Economic Performance*, Cambridge: Cambridge University Press;

John Roberts (2004), *The Modern Firm: Organizational Design for Performance and Growth*, Oxford: Oxford University Press;

Jean Tirole (1988), *The Theory of Industrial Organization*, Cambridge, MA: MIT Press; and

Oliver Williamson (1998), *The Economic Institutions of Capitalism: Firms, Markets and Relational Contracting*, New York: Free Press.

第 2 章　道德和市场

The modern concept of the firm was first discussed in:

Armen Alchian and Harold Demsetz (1972), 'Production, Information Costs, and Economic Organization', *American Economic Review*, 62, 777–95;

Ronald Coase (1937), 'The Nature of the Firm', *Economica*, 4, 386–405; and

Michael Jensen and William Meckling (1976), 'Theory of the Firm: Managerial Behavior, Agency Costs and Ownership Structure', *Journal of Financial Economics*, 3, 305–60.

For alternative views of capitalism, see:

Franklin Allen and Douglas Gale (2000), *Comparing Financial Systems*, Cambridge MA: MIT Press;

Ronald Dore (2000), *Stock Market Capitalism: Welfare Capitalism Japan and Germany versus the Anglo-Saxons*, Oxford: Oxford University Press; and

Peter Hall and David Soskice (2000), *Varieties of Capitalism: The Institutional Foundations of Comparative Advantage*, Oxford: Oxford University Press.

On long-tailed risks, see·

Nassim Taleb (2007), *The Black Swan: The Impact of the Highly Improbable*, London: Allen Lane.

For a classic account of the early history of property and contract, see:

Henry Maine (1861), *Ancient Law: Its Connection With the Early History of Society, and Its Relation to Modern Ideas*, London: John Murray.

For a good account of comparative corporate law, see:

Reinier Kraakman, Paul Davies, Henry Hansmann, Gerard Hertig, Klaus Hopt, Hideki Kanda, and Edward Rock (2009), *The Anatomy of Corporate Law: A Comparative and Functional Approach*, Oxford: Oxford University Press.

On the law of corporate crime, see:

James Gobert and Maurice Punch (2003), *Rethinking Corporate Crime*, Cambridge: Cambridge University Press.

第 3 章　声誉

The classic article in economics on reputation is:

David Kreps and Robert Wilson (1982), 'Reputation and Imperfect Information', *Journal of Economic Theory*, 27, 253–79.

Some important references on trust relationships are:

George Akerlof (1984), An *Economic Theorist's Book of Tales*, Cambridge: Cambridge University Press;

Kenneth Arrow (1972), 'Gift and Exchanges', *Philosophy and Public Affairs*, 1, 343–62;

Francis Fukuyama (1995), *Trust: The Social Virtues and the Creation of Prosperity*, New York: Free Press; and

Diego Gambetta (2000), 'Can We Trust Trust?', in Diego Gambetta (ed.), *Trust: Making and Breaking Cooperative Relations*, Department of Sociology, University of Oxford, 213–37.

For discussions about incentives and relational contracts, see:

Robert Gibbons and Rebecca Henderson (2012), 'Relational Contracts and

Organizational Capabilities', *Organization Science*, forthcoming; and

Denise Rousseau, Sim Sitkin, Ronald Burt, and Colin Camerer (1998), 'Not So Different After All: A Cross-Discipline View of Trust', *Academy of Management Review*, 23, 393–404.

第 4 章　监管

For debates on law and morality, see:

Ronald Dworkin (1977), *Taking Rights Seriously*, Cambridge, MA: Harvard University Press; and

Herbert Hart (1961), *The Concept of Law*, Oxford: Oxford University Press.

On regulation, see:

Jean-Jacques Laffont and Jean Tirole (1993), *A Theory of Incentives in Procurement and Regulation*, Cambridge, MA: MIT.

The importance of law and regulation in promoting economic development is discussed in:

Rafael La Porta, Florencio Lopez-de-Silanes, and Andrei Shleifer (1998), 'Law and finance', *Journal of Political Economy*, 106, 1113–55; and

Rafael La Porta, Florencio Lopez-de-Silanes, Andrei Shleifer, and Robert Vishny (1997), 'Legal determinants of external finance', *Journal of Finance*, 52, 1131–50.

On financial crises, see:

Franklin Allen and Douglas Gale (2007), *Understanding Financial Crises*, Oxford: Oxford University Press;

Douglas Diamond and Philip Dybvig (1983), 'Bank Runs, Deposit Insurance and Liquidity', *Journal of Political Economy*, 91, 401–19;

John Kenneth Galbraith (1955), *The Great Crash, 1929*, Boston: Houghton Mifflin; and

Charles Kindleberger (1978), *Manias, Panics and Crashes*, New York: Basic Books.

第 5 章　企业的演化

Different patterns of ownership around the world are discussed in:

Fabrizio Barca and Marco Becht (2001), *The Control of Corporate Europe*, Oxford: Oxford University Press;

Rafael La Porta, Florencio Lopez-de-Silanes, and Andrei Shleifer (1999), 'Corporate ownership around the world', *Journal of Finance*, 54, 471–517; and

Mark Roe (2003), *Political Determinants of Corporate Governance: Political Context, Corporate Impact*, Oxford: Oxford University Press.

The implications of dispersed ownership for corporate governance are described in:
Albert Hirschman (1970), *Exit, Voice, and Loyalty: Responses to Decline in Firms, Organizations, and States*, Cambridge, MA: Harvard University Press;
and the evolving structure of companies in:
Alfred Chandler (1990), *Scale and Scope: The Dynamics of Industrial Capitalism*, Cambridge, MA: Harvard University Press; and
Michael Jensen (1989), 'The eclipse of the public corporation', *Harvard Business Review*, 67, 61–74.

第 6 章　收购和关闭

The market for corporate control was first discussed in:
Henry Manne (1965), 'Mergers and the Market for Corporate Control', *Journal of Political Economy*, 73, 110–20;
and evidence on the performance of takeovers in:
Michael Jensen and Richard Ruback (1983), 'The Market for Corporate Control: The scientific evidence', *Journal of Financial Economics*, 11, 5–50.

Some of the problems with acquisitions are described in:
Sanford Grossman and Oliver Hart (1980), 'Takeover Bids, the Free-Rider Problem and the Theory of the Corporation', *Bell Journal of Economics*, 11, 42–64; and
Andrei Shleifer and Lawrence Summers (1988), 'Breach of Trust in Hostile Takeovers', in Alan Auerbach (ed.), *Corporate Takeovers: Causes and Consequences*, Chicago: Chicago University Press.

The benefits of competition in corporate law are discussed in:
Roberta Romano (1993), *The Genius of American Corporate Law*, Washington DC: American Enterprise Institute Press.

第 7 章　资本与承诺

The classic work on bounded rationality is:
Daniel Kahneman, Paul Slovic, and Amos Tversky (1982), *Judgment Under Uncertainty: Heuristics and Biases*, Cambridge: Cambridge University Press.

The origins of behavioural theories of the firm were in:
Richard Cyert and James March (1963), *Behavioral Theory of the Firm*, Oxford:

Blackwell.

Good discussions of the history of the financing of British industry can be found in:

Philip Cottrell (1980), *Industrial Finance 1830–1914: The Finance and Organization of English Manufacturing Industry*, London: Methuen;

Phyllis Deane (1965), *The First Industrial Revolution*, Cambridge: Cambridge University Press; and

William Kennedy (1987), *Industrial Structure, Capital Markets and the Origins of British Economic Decline*, C mbridge: Cambridge University Press.

The role of banks in German corporate activity is described in:

Jeremy Edwards and Klaus Fischer (1994), *Banks, Finance and Investment in Germany*, Cambridge: Cambridge University Press; and

Alexander Gerschenkron (1962), *Economic Backwardness in Historical Perspective: A Book of Essays*, Cambridge, MA: Harvard University Press.

For a history of the emergence of banking in China, see:

Linsun Cheng (1897), *Banking in Modern China, Entrepreneurs, Professional Managers and the Development of Chinese Banks, 1897–1937*, Cambridge: Cambridge University Press.

For a history of state banking in the United States, see:

Howard Bodenhorn (2002), *State Banking in Early America*, Oxford: Oxford University Press.

On the theory of banking, see:

Douglas Diamond (1984), 'Financial Intermediation and Delegated Monitoring', *Review of Economic Studies*, 51, 393–414;

Xavier Freixas and Jean Charles Rochet (2008), *Microeconomics of Banking*, Cambridge, MA: MIT Press; and

Alan Morrison and William Wilhelm (2007), *Investment Banking: Institutions, Politics, and Law*, Oxford: Oxford University Press.

For the role of commitment, see for example:

Jon Elster (2000), *Ulysses Unbound*, Cambridge: Cambridge University Press.

第 8 章　价值与价值观

On the measurement of capital and profit, see:

John Hicks (1939), *Value and Capital*, Oxford: Oxford University Press.

A good introduction to corporate finance is:

Richard Brealey, Stewart Myers, and Franklin Allen (2010), *Principles of Corporate Finance*, New York: McGraw-Hill.

Other important references on corporate finance are:

Oliver Hart (1995), *Firms, Contracts, and Financial Structure*, Oxford: Oxford University Press;

Michael Jensen and William Meckling (1976), 'Theory of the Firm: Managerial Behavior, Agency Costs and Ownership Structure', *Journal of Financial Economics*, 3, 305–60; and

Oliver Williamson (1988), 'Corporate Finance and Corporate Governance', *Journal of Finance*, 43, 567–92.

For a history of corporate finance, see:

Jonathan Baskin and Paul Miranti (1997), A *History of Corporate Finance*, Cambridge: Cambridge University Press.

第 9 章　治理与政府

For an analysis of alternative forms of ownership and control, see:

Margaret Blair (1995), *Ownership and Control: Rethinking Corporate Governance for the Twenty-First Century*, Washington DC: Brookings;

Henry Hansmann (1996), *The Ownership of Enterprise*, Cambridge, MA: Harvard University Press; and

Mark Roe (1994), *Strong Managers, Weak Owners: The Political Roots of American Corporate Finance*, Princeton, NJ: Princeton University Press.

On the tragedy of the commons, see:

Elinor Ostrom (1990), *Governing the Commons: The Evolution of Institutions for Collective Action*, Cambridge: Cambridge University Press.

第 10 章　没有结局

For a discussion of the afterlife in Ancient Egypt, see:

Jan Assmann (2005), *Death and Salvation in Ancient Egypt*, New York: Cornell University Press; and

John Casey (2009), *After Lives*, Oxford: Oxford University Press.

图书在版编目（CIP）数据

公司的承诺/科林·迈耶（Colin Mayer）著；张颖，伊志宏译 . —北京：中国人民大学出版社，2017.3

（管理者终身学习）

书名原文：Firm Commitment：Why the corporation is failing us and how to restore trust in it

ISBN 978-7-300-23845-6

Ⅰ.①公… Ⅱ.①科… ②伊… Ⅲ.①公司-企业责任-社会责任 Ⅳ.①F272-05

中国版本图书馆 CIP 数据核字（2017）第 005099 号

管理者终身学习

公司的承诺

——解构信任危机，重塑社会信任

科林·迈耶　著

张　颖　伊志宏　译

Gongsi de Chengnuo：Jiegou Xinren Weiji，Chongsu Shehui Xinren

出版发行	中国人民大学出版社	
社　　址	北京中关村大街 31 号	**邮政编码**　100080
电　　话	010 - 62511242（总编室）	010 - 62511770（质管部）
	010 - 82501766（邮购部）	010 - 62514148（门市部）
	010 - 62515195（发行公司）	010 - 62515275（盗版举报）
网　　址	http://www.crup.com.cn	
	http://www.ttrnet.com（人大教研网）	
经　　销	新华书店	
印　　刷	北京中印联印务有限公司	
规　　格	175 mm×250 mm　16 开本	**版　次**　2017 年 3 月第 1 版
印　　张	15.75 插页 2	**印　次**　2017 年 3 月第 1 次印刷
字　　数	192 000	**定　价**　45.00 元